# Informatik im Fokus

*Herausgeber:*
Prof. Dr. O. Günther
Prof. Dr. W. Karl
Prof. Dr. R. Lienhart
Prof. Dr. K. Zeppenfeld

# Informatik im Fokus

Weitere Titel der Reihe Informatik im Fokus:
http://www.springer.com/series/7871

Marco Kuhrmann · Thomas Ternité ·
Jan Friedrich

# Das V-Modell® XT anpassen

## Anpassung und Einführung kompakt für V-Modell® XT Prozessingenieure

Dr. M. Kuhrmann
Technische Universität München
Institut für Informatik - I4
Boltzmannstr. 3
85748 Garching b. München
kuhrmann@in.tum.de

Thomas Ternité
Technische Universität Clausthal
Institut für Informatik
Julius-Albert-Str. 4
38678 Clausthal Zellerfeld
thomas.ternite@tu-clausthal.de

Jan Friedrich
4Soft GmbH
Mittererstraße 3
80336 München
friedrich@4soft.de

*Herausgeber*
Prof. Dr. O. Günther
Humboldt-Universität zu Berlin

Prof. Dr. R. Lienhart
Universität Augsburg

Prof. Dr. W. Karl
Universität Karlsruhe (TH)

Prof. Dr. K. Zeppenfeld
Hochschule Hamm-Lippstadt

ISSN 1865-4452         e-ISSN 1865-4460
ISBN 978-3-642-01489-5   e-ISBN 978-3-642-01490-1
DOI 10.1007/978-3-642-01490-1
Springer Heidelberg Dordrecht London New York

Die Deutsche Nationalbibliothek verzeichnet diese Publikation in der Deutschen Nationalbibliografie; detaillierte bibliografische Daten sind im Internet über http://dnb.d-nb.de abrufbar.

© Springer-Verlag Berlin Heidelberg 2011
Dieses Werk ist urheberrechtlich geschützt. Die dadurch begründeten Rechte, insbesondere die der Übersetzung, des Nachdrucks, des Vortrags, der Entnahme von Abbildungen und Tabellen, der Funksendung, der Mikroverfilmung oder der Vervielfältigung auf anderen Wegen und der Speicherung in Datenverarbeitungsanlagen, bleiben, auch bei nur auszugsweiser Verwertung, vorbehalten. Eine Vervielfältigung dieses Werkes oder von Teilen dieses Werkes ist auch im Einzelfall nur in den Grenzen der gesetzlichen Bestimmungen des Urheberrechtsgesetzes der Bundesrepublik Deutschland vom 9. September 1965 in der jeweils geltenden Fassung zulässig. Sie ist grundsätzlich vergütungspflichtig. Zuwiderhandlungen unterliegen den Strafbestimmungen des Urheberrechtsgesetzes.
Die Wiedergabe von Gebrauchsnamen, Handelsnamen, Warenbezeichnungen usw. in diesem Werk berechtigt auch ohne besondere Kennzeichnung nicht zu der Annahme, dass solche Namen im Sinne der Warenzeichen- und Markenschutz-Gesetzgebung als frei zu betrachten wären und daher von jedermann benutzt werden dürften.

*Einbandentwurf:* KuenkelLopka GmbH, Heidelberg

Gedruckt auf säurefreiem Papier

Springer ist Teil der Fachverlagsgruppe Springer Science+Business Media
(www.springer.com)

# Vorwort

Informatik ist die jüngste der großen Ingenieurdisziplinen. Während Bauingenieure, Maschinenbauer und sogar Elektroingenieure auf Jahrhunderte lange Erfahrungen aus der eigenen Disziplin aufbauen können, sind es in der Informatik gerade einmal ein paar Jahrzehnte. Und noch immer wächst die Komplexität des Fachs, dessen ingenieurwissenschaftlicher Anteil sich früher vornehmlich mit reinem Softwarebau auseinandersetzte, aber heute auch den komplexeren Systembau umfasst. Trotzdem arbeiten nicht wenige Projektleiter noch immer nach eher intuitiven, wenig methodischen Vorgehensweisen. Dies hat zur Folge, dass insbesondere viele große Softwareprojekte aus der Zeitplanung oder aus dem Budget laufen oder sogar ganz scheitern. Der Nachholbedarf für systematische Vorgehensweisen und das Bereitstellen so genannter „best practices" ist groß. Dies gilt insbesondere, da Software- und besonders Systembau sehr dynamische und mittlerweile wohl die komplexesten der großen Ingenieurdisziplinen sind. Das V-Modell® XT ist eine Sammlung von aktuellen „best practices" zum Thema. Es gibt eine systematische Hilfestellung bei der Planung und Durchführung von großen und kleinen Systementwicklungsprojekten.

Als erstes großes Vorgehensmodell basiert das V-Modell® XT auf einem formalen Metamodell. Dadurch kann eine werkzeugunterstützte, extrem hohe Anpassbarkeit (eXtreme Tailoring) an spezifische Projektsituationen erzielt werden, ohne die Konsistenz des Prozessmodells im Kern und damit einen Projekterfolg zu gefährden. Die volle Wirkung des Tailoring-Mechanismus kommt jedoch erst zum Tragen, wenn das V-Modell® XT auch an die spezifischen Anforderungen einer Organisation angepasst wird. Dazu stellt sich das V-Modell® XT dem Prozessingenieur als Framework für die Modellierung von Vorgehensmodellen dar. Es gestattet auf vielfältige Weise die umfassende Anpassung jedes Aspekts, angefangen von den Inhalten, über Vorlagen bis hin zum Erscheinungsbild der Dokumentation.

Ein Beispiel für eine umfassende organisationsspezifische Anpassung ist das V-Modell® XT Bund[1] für Bundesbehörden. In einem Anpassungsprojekt hat der Bund die spezifischen Anforderungen der Behörden erhoben und unter Verwendung vieler in diesem Buch beschriebener Methoden das V-Modell® XT Bund erstellt. Das vorliegende Buch bietet den Prozessingenieuren, die eine organisationsspezifische Anpassung des V-Modell® XT vollziehen wollen, einen hervorragenden Einstieg und Hilfe bei ihren Aufgaben. Es unterstützt dabei, alle zur Verfügung stehenden Optionen zu verstehen und effizient in einem Anpassungsprojekt umzusetzen. Dazu sind alle Konzepte, Ideen und Methoden der Anpassung beschrieben, sodass Prozessingenieure eine Anleitung zur Anpassung des V-Modell® XT erhalten.

Köln, *Dr. André Schnackenburg, Dr. Christian Lange*
Bundesstelle für Informationstechnik im
Bundesveraltungsamt
August 2010

---

[1] http://www.bit.bund.de/v-modell-xt

# Inhaltsverzeichnis

**1. Das V-Modell XT** — **1**
  1.1. Struktur und Nutzung — 3
  1.2. Möglichkeiten der Anpassung — 6
    1.2.1. Wissensbasen integrieren — 6
    1.2.2. Die Prozessdokumentation — 9
    1.2.3. Eigene Produktvorlagen — 9
    1.2.4. Das Metamodell anpassen — 10
    1.2.5. Werkzeuge anpassen — 11
  1.3. Grundlegende Konzepte für Anpasser — 11
    1.3.1. Inhalte modularisieren — 12
    1.3.2. Das Tailoring — 14
    1.3.3. Modellvarianten bilden — 16
  1.4. Die V-Modell-Werkzeuge — 18
    1.4.1. Der V-Modell XT Editor — 19
    1.4.2. Der V-Modell XT Projektassistent — 20
    1.4.3. Entwicklungsumgebung — 22

**2. Anpassungs- und Einführungsprozess** — **23**
  2.1. Der ORG-Projekttyp — 23
  2.2. Analyse — 27
    2.2.1. Ziele — 27
    2.2.2. Rahmenbedingungen — 28
    2.2.3. Ist-Analyse — 30
  2.3. Konzeption — 31
    2.3.1. Optionen und Auswahl — 32
    2.3.2. Ergebnisstruktur und Rollen — 33
    2.3.3. Ablaufstruktur — 38

|  |  | 2.3.4. | Tailoringstruktur | 44 |
|---|---|---|---|---|
|  |  | 2.3.5. | Modulstruktur | 48 |
|  | 2.4. | Realisierung | | 53 |
|  |  | 2.4.1. | Stufenweises Vorgehen | 53 |
|  |  | 2.4.2. | Generelles und Hinweise | 57 |
|  | 2.5. | Einführung | | 58 |
|  |  | 2.5.1. | Einführungsstrategien | 59 |
|  |  | 2.5.2. | Schulungen | 61 |
|  |  | 2.5.3. | Pilotierungen | 63 |
|  | 2.6. | Wartung und Pflege | | 64 |
|  | 2.7. | V-Modell-Konformität | | 65 |

## 3. V-Modell XT Anpassung — 71

|  |  | | |
|---|---|---|---|
| 3.1. | Modellbearbeitung | | 73 |
|  | 3.1.1. | Ein Modell neu anlegen | 73 |
|  | 3.1.2. | Rollen erstellen | 74 |
|  | 3.1.3. | Entscheidungspunkte erstellen | 75 |
|  | 3.1.4. | Vorgehensbausteine erstellen | 75 |
|  | 3.1.5. | Abläufe und PDSe gestalten | 89 |
|  | 3.1.6. | Integration in das Tailoring | 98 |
| 3.2. | Arbeit mit Erweiterungsmodellen | | 107 |
|  | 3.2.1. | Vorbereitende Aufgaben | 107 |
|  | 3.2.2. | Anlegen eines Erweiterungsmodells | 109 |
|  | 3.2.3. | Vortailoring | 112 |
|  | 3.2.4. | Änderungsoperationen | 114 |
|  | 3.2.5. | Zusammenführung von Varianten | 118 |
| 3.3. | Änderungen eines bestehenden Modells | | 119 |
| 3.4. | Mustertexte | | 120 |
|  | 3.4.1. | Allgemeines zu Mustertexten | 120 |
|  | 3.4.2. | Mustertexte bearbeiten | 121 |

## 4. V-Modell XT Technik **127**

- 4.1. Installation und Quellenstruktur ...... 128
  - 4.1.1. Installation ................ 129
  - 4.1.2. Quellenstruktur ............ 130
- 4.2. Anpassung der Prozessdokumentation .. 132
  - 4.2.1. Allgemeines zur Dokumentation .. 133
  - 4.2.2. Die Gesamtdokumentation ..... 136
  - 4.2.3. Konfiguration von Sichten ...... 143
  - 4.2.4. Einschränkungen der Exportvorlagen 146
- 4.3. Anpassung der Produktvorlagen ...... 148
  - 4.3.1. Allgemeines zu Produktvorlagen .. 148
  - 4.3.2. Produktvorlagen ........... 149
  - 4.3.3. Konfiguration von Sichten ...... 152
- 4.4. Anpassung der Bilderquellen ........ 152
  - 4.4.1. Allgemeines zu Bildern ....... 153
  - 4.4.2. Manuell erstellte Bilder ....... 153
  - 4.4.3. Automatisch generierte Bilder ... 155
- 4.5. Entwicklungsumgebung ........... 163
  - 4.5.1. Konfiguration von Varianten .... 163
  - 4.5.2. Schritte der Zusammenführung .. 166
  - 4.5.3. Releasebau ................ 168
  - 4.5.4. Konfiguration der Werkzeuge .... 169
- 4.6. Hinweise zum V-Modell XT Editor ..... 175

## A. Das V-Modell XT Metamodell **179**

- A.1. Struktur ..................... 179
- A.2. Beziehungen ................... 186
- A.3. Prozessänderungen ............... 188
- A.4. Besondere Attributsfelder .......... 193
- A.5. Das Metamodell als XML-Schema ..... 194

## B. Exportvorlagenübersicht **197**

- B.1. Vorlagen Prozessdokumentation ...... 197

B.2. Vorlagen Produktvorlagen . . . . . . . . . . 200

## C. Fragen und Antworten          203

## D. Werkzeugverzeichnis           207

## Literaturverzeichnis             211

## Index                            213

# 1. Das V-Modell XT

Als die Bundesrepublik Deutschland Mitte der 80er Jahre damit begann, das V-Modell zu entwickeln, stand vor allem eins im Vordergrund: *Inhalt*. Es sollte klar festgelegt werden, wie der Softwareentwicklungsprozess der Auftragnehmer des Bundes aussieht. Die Inhalte fanden internationale Beachtung. Sie waren allerdings in Form einfacher Textdokumente festgeschrieben. Dies gilt für das V-Modell 92 und das V-Modell 97. Als im Projekt WEIT[2] im Jahr 2002 die Anforderungen für ein neues V-Modell erhoben wurden, standen unter anderem zwei Dinge auf den Wunschzetteln der Anwender:

- *Bessere Anpassung auf Projekte*: Die Projektleiter wollen das V-Modell schnell und einfach auf die Gegebenheiten im konkreten Projekt anpassen.
- *Bessere Anpassung auf Organisationen*: Die Prozessingenieure wollen das V-Modell einfach verändern und erweitern, um es in ihren Organisationen einführen zu können.

Beide Ziele können nicht mit einfachen Textdokumenten verwirklicht werden. Es werden neue *Konzepte* benötigt. Das V-Modell XT [4] basiert als eines der ersten Vorgehensmodelle vollständig auf einem *Metamodell*. Dieses definiert die Modellierungsmöglichkeiten und Beziehungen zwischen einzelnen Modellelementen und enthält Vorgaben und Einschränkungen. Dadurch ist es möglich, dass Werkzeuge das V-Modell „verstehen" und interpretieren

---

[2] **W**eiterentwicklung des **IT**-Entwicklungsstandards des Bundes

können, ohne speziell auf die Inhalte zurechtgeschnitten werden zu müssen. Werkzeuge können z. B. das Tailoring unterstützen, die Prozessdokumentation automatisch generieren, Produktvorlagen erzeugen oder bei der vorgehensmodellkonformen Projektplanung helfen. Und sie funktionieren mit jedem (angepassten) Vorgehensmodell, das sich nach dem Metamodell richtet.

## Inhalt und Aufbau dieses Buchs

Dieses Buch richtet sich an Prozessingenieure, die das V-Modell XT und den dazugehörigen Werkzeugkasten nutzen möchten, um ein eigenes Vorgehensmodell zu erarbeiten. Es ist auch als ergänzende und vorbereitende Lektüre zur V-Modell-Zertifizierung *Ping* konzipiert.

Dieses Kapitel führt allgemein in die Materie ein und stellt die wesentlichen Möglichkeiten und Konzepte zur Anpassung vor. Außerdem behandelt es den Aufbau einer Entwicklungsumgebung für das V-Modell XT. Es sollte von jedem gelesen werden, um den Kontext zu verstehen. Kapitel 2 stellt den Projekttyp *Einführung und Pflege eines organisationsspezifischen Vorgehensmodells* des V-Modell XT vor und zeigt die spezifische Ausgestaltung, die wir für die Anpassung des V-Modell XT vornehmen. Es bildet die Klammer für alle fachlichen und technischen Aufgaben der Anpassung, die in den folgenden Kapiteln dargestellt werden. Die Kapitel 3 und 4 sind jeweils aufgabenorientiert und können entsprechend der Aufgaben gelesen werden. Kapitel 3 greift die fachlichen Aufgaben auf, die sich entweder auf Papier oder direkt mit dem V-Modell XT Editor umsetzen lassen. Die einzelnen Aufgaben werden jeweils durch detaillierte Arbeitsschritte beschrieben. Das Kapitel 4 legt seinen Schwerpunkt auf technische Fragestellungen. Diese ergänzen und begleiten i. d. R. die fachlichen, erfordern z. T. jedoch Arbeiten außerhalb des V-Modell XT Editors. Erfahrene Anpasser, z. B. solche, die bereits Anpassungen durchgeführt haben, bzw. Inhaber des Zertifikats *Ping* (siehe Kapitel 2.7), können direkt in die Kapitel 3 und 4 einsteigen.

---

Faustregel:

Grundsätzlich gilt: Kapitel 2 erklärt, wie Sie Vorgehensmodellanpassungen *konzipieren*, Kapitel 3 zeigt, wie Sie Anpassungen *modellieren* und Kapitel 4 enthält *technische Details* zu allen Aspekten außerhalb der V-Modell XT XML-Datei.

---

In den Anhängen A bis D werden u.a. das Metamodell des V-Modell XT sowie die Struktur der Exportvorlagen überblicksartig vorgestellt und FAQs beantwortet. Diese Kapitel dienen als ergänzende Referenz.

## 1.1. Struktur und Nutzung

Um eine Anpassung des V-Modells[3] durchzuführen, ist ein Verständnis der grundlegenden Struktur des V-Modells erforderlich. Besonders die Begriffe *Metamodell* und *Modell* sollten klar abtrennbar sein.

Abbildung 1.1 zeigt anhand der wichtigsten Elemente im V-Modell den Unterschied zwischen dem Modell und seinem Metamodell [6]. Das Metamodell ist die Basis, die die Elementtypen des Vorgehensmodells festlegt. Es beschreibt z. B., dass es Rollen, Produkte und Aktivitäten

---

[3] Wenn in diesem Buch vom V-Modell die Rede ist, beziehen wir uns immer auf das V-Modell XT. Sollte eine andere, frühere Version gemeint sein, wird dies explizit ausgewiesen.

gibt und dass für jedes Produkt genau eine Rolle verantwortlich ist. Auf dem Metamodell baut das Modell auf, das konkrete Inhalte beschreibt, z. B. dass es das Produkt *Projekthandbuch* gibt, für das die Rolle *Projektleiter* verantwortlich ist.

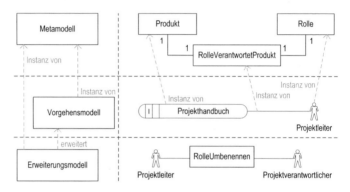

**Abb. 1.1.:** Metamodell und Modell des V-Modell XT

Seit der Version 1.3 gibt es die Möglichkeit, das Standard-V-Modell – das sog. *Referenzmodell* – durch ein *Erweiterungsmodell* zu ergänzen. Ein Erweiterungsmodell definiert z. B., dass die Rolle *Projektleiter* des V-Modells nun *Projektverantwortlicher* heißen soll, sonst aber alle Rechte und Pflichten des *Projektleiters* übernimmt.

Daraus ergibt sich, dass ein Prozessingenieur das V-Modell auf verschiedene Weise für seine Zwecke nutzen kann (Abb. 1.1, links). Er kann ein komplett neues Modell auf Basis des Metamodells erstellen, die bereits vorliegenden Inhalte des V-Modells direkt anpassen oder über den Erweiterungsmechanismus Anpassungen vornehmen.

**Neuaufbau:** Der Prozessingenieur nutzt nur das *Metamodell* und baut sein Modell darauf neu auf. Damit kann das eigene Vorgehensmodell durch die V-Modell-Werkzeuge unterstützt werden. Eine inhaltliche Kompatibilität zum V-Modell ist aber nicht automatisch sichergestellt.

**Änderung:** Der Prozessingenieur nutzt Metamodell und Modell des V-Modells und *ändert* die vorhandenen Inhalte des V-Modells. Soll die Anpassung für öffentliche Aufträge verwendet werden, müssen wegen der Kompatibilität zum Standard vorgegebene Schnittstellen eingehalten werden. Entwickeln sich die Inhalte des Standardmodells weiter und sollen diese in die Anpassung integriert werden, muss dies allerdings manuell erfolgen.

**Erweiterungsmodell:** Der Prozessingenieur erzeugt ein eigenes *Erweiterungsmodell* auf Basis des V-Modells. Er nutzt auch hier Metamodell und Modell, ergänzt aber ein eigenes Modell ohne das ursprüngliche direkt zu verändern. Dadurch ist sichergestellt, dass das entstehende Modell von Haus aus zum V-Modell konform ist. Mit einem Erweiterungsmodell ist es möglich, Weiterentwicklungen im Standard automatisch zu integrieren. Diese Vorteile erkauft man sich jedoch durch einen komplexeren Anpassungsmechanismus und eingeschränkte Anpassungsmöglichkeiten.

Die unterschiedlichen Optionen sind unterschiedlich geeignet. Der Neuaufbau ist zu empfehlen, wenn ein Vorgehensmodell von Grund auf neu entstehen soll oder inhaltlich nichts mit IT-Projekten zu tun hat, z. B. ein Vorgehensmodell für Bauprojekte. Die direkte Änderung ist für Organisationen zu empfehlen, die ein Vorgehensmodell für IT-Projekte erstellen möchten, aber keinen Wert auf Konformität zum V-Modell legen und nicht von dessen Fortentwicklung profitieren möchten. Die Option des Erweiterungsmodells ist für solche Organisationen interessant, die standardkonform arbeiten müssen; dies sind insbesondere Bundesbehörden und Unternehmen, die IT-Projekte nachweislich nach dem V-Modell durchführen müssen.

## 1.2. Möglichkeiten der Anpassung

Um das V-Modell anzupassen und auszugestalten, stehen reichhaltige Mittel zur Verfügung. Die wichtigste Möglichkeit ist die Anpassung der Vorgehensmodellinhalte an sich, die im Abschnitt 1.3 vorgestellt wird. Zudem können die Inhalte des V-Modells ausgestaltet und präzisiert werden. Der Prozessingenieur kann das Erscheinungsbild des V-Modells und der dazugehörigen Produktvorlagen verändern. Die schwierigsten, aber auch mächtigsten Möglichkeiten bietet schließlich eine Anpassung des Metamodells und der Werkzeuge.

**Hinweis:** Beachten Sie bitte, dass die folgenden Abschnitte nur die Möglichkeiten aufzählen und beschreiben. Wie die Anpassungen konzipiert und konkret umgesetzt werden, lernen Sie in Kapitel 2 und Kapitel 3.

### 1.2.1. Wissensbasen integrieren

Einfach, aber wirksam ist die Integration von Wissensbasen in das V-Modell. Wissensbasen entstehen, wenn über einen gewissen Zeitraum Daten und Erfahrungen erfasst werden. Diese können dann anderen oder neuen

## 1.2. Möglichkeiten der Anpassung 7

Projekten verfügbar gemacht werden. Beispiele sind Standardtexte und -gliederungen, die in gleichartigen Dokumenten immer wieder Verwendung finden, oder spezielle Produktvorlagen, die sich über die Zeit etabliert haben. Im Rahmen der Anpassung des V-Modells kann dieses bereits vorhandene Wissen erfasst und als Zusatz zum organisationsspezifischen V-Modell hinterlegt werden. Der Prozessingenieur passt hier strenggenommen nicht das Vorgehensmodell an, sondern er gibt den Projektmitarbeitern Hilfestellung, damit diese die Vorgaben möglichst einfach umsetzen können. Dafür stehen im V-Modell die folgenden Mittel zur Verfügung: *Mustertexte, Zusatzthemen* und *externe Kopiervorlagen*.

**Mustertexte.** Der Projektassistent kann aus dem V-Modell Produktvorlagen ableiten. Diese besitzen schon die vorgeschlagene Gliederung und beinhalten die Themenbeschreibungen des V-Modells als versteckten Text. Der Prozessingenieur kann zusätzlich Mustertexte hinterlegen, die die Mitarbeiter bei der Erzeugung der Produktvorlagen auswählen können. Diese werden dann bei der Vorlagengenerierung in die Produktvorlagen eingefügt und ersparen den Mitarbeitern Arbeit. Der Projektassistent legt nahe, die Produktvorlagen direkt *nach dem Tailoring* zu generieren. Sollen Mustertexte verwendet werden, ist aber ggf. die Erzeugung einzelner Produktvorlagen *während des Projekts* sinnvoller.

**Zusatzthemen.** Analog zu den Mustertexten kann der Prozessingenieur auch komplette Kapitelstrukturen vorgeben, um die Vorgaben das Vorgehensmodells konkret auszugestalten. Beispielsweise kann er die nicht-funktionalen Anforderungen in Anlehnung an ISO 9126 weiter unterteilen in Benutzbarkeit, Zuverlässigkeit, Effizienz und Änderbarkeit.

---

Zusatzthemen vs. Unterthemen

Das V-Modell kennt auch Unterthemen, mit denen man ebenfalls ein Thema weiter strukturieren kann. Der Unterschied zu den Zusatzthemen liegt in der Verbindlichkeit: Unterthemen sind Teil der Prozessdokumentation – werden sie nicht behandelt, so ist das eine Abweichung vom Vorgehensmodell. Die Zusatzthemen sind hingegen lediglich ein ergänzender *Vorschlag* zur inhaltlichen Gestaltung eines Themas, von dem das Projekt auch abweichen kann. Im Zweifel sollten Prozessingenieure lieber Zusatzthemen statt Unterthemen wählen, da sie so das Projekt nicht unnötig einengen und zudem die Prozessdokumentation schlank halten.

---

**Externe Kopiervorlagen.** Die automatische Produktvorlagengenerierung ist nur dort sinnvoll, wo ein Produkt durch ein Dokument realisiert wird, also z. B. beim *Projekthandbuch*. Daneben existieren aber auch viele Produkte, bei denen ein Textdokument nicht die geeignete Form ist: Für eine Risikoliste ist z. B. die Darstellung als Excel-Tabelle geeigneter. In diesen Fällen können neu erstellte oder auch gewachsene Vorlagen leicht als *externe Kopiervorlagen* integriert werden. Bei der Projektinitialisierung kopiert dann der Projektassistent diese Vorlagen in das gleiche Verzeichnis, in dem sich auch eine generierte Vorlage befinden würde.

Durch externe Kopiervorlagen kann der Prozessingenieur den Projekten mächtige Vorlagen zur Verfügung stellen, die mehr Komfort bieten als die automatisch generierten. Allerdings muss er dann manuell dafür sorgen, dass die Vorlagen konform zum Vorgehensmodell sind.

## 1.2.2. Die Prozessdokumentation

Die Prozessdokumentation ist der Zugang der Projektbeteiligten zu den Inhalten und steht in PDF- und HTML-Form zur Verfügung. Sie ist auch die Grundlage für den Nachweis von Konformität zu Standards und für Prozessaudits (siehe Kapitel 2.7). Im V-Modell ist die Dokumentation vollständig mithilfe von *OpenOffice.org* generiert und stellt nur *eine mögliche Sicht* auf die Inhalte dar. Der Prozessingenieur hat hier die Möglichkeit, eine neue, vielleicht in die Organisation besser passende Aufteilung der Prozessdokumentation zu erzeugen: Man könnte sich z. B. vorstellen, den Aktivitäts- und den Produktteil integriert darzustellen, indem man die Aktivitäten direkt bei den jeweiligen Produkten aufführt. Selbstverständlich sollte die Prozessdokumentation auch dem Corporate Design entsprechen.

---

Vorsicht beim Umbau

> Beim Umbau der Dokumentation muss der Prozessingenieur Acht geben, dass die Inhalte des Vorgehensmodells auch in der Dokumentation auftauchen. Ein Auditor wird sich ausschließlich auf die Dokumentation stützen und Inhalte nicht im XML suchen.

---

Eine genaue Anleitung zur Änderung der Prozessdokumentation findet sich in Kapitel 4.2. Der Prozessingenieur benötigt dafür genaue Kenntnisse der V-Modell-Technik, insbesondere von OpenOffice.org und XSL (Kapitel 4).

## 1.2.3. Eigene Produktvorlagen

Der Projektassistent kann aus dem V-Modell automatisch Produktvorlagen in den Formaten DOC, ODT und RTF ableiten. Die Technik dafür ist die gleiche, die auch für die Generierung der Prozessdokumentation eingesetzt wird. Dabei hält ein sog. *Master-Template* die Layout-Information, während die Inhalte aus dem V-Modell, der Mustertextbibliothek und dem V-Modell-Projekt des Projektassistenten stammen. Bei der Generierung verschmilzt der Projektassistent dann das Layout mit den Inhalten.

In den meisten Organisationen existieren aber Vorgaben zu Dokumentaufbau und -layout, die von dem standardmäßig mitgelieferten Master-Template nicht erfüllt werden. Der Prozessingenieur kann hier relativ einfach das Layout nach seinen Wünschen gestalten. Er benötigt dafür wiederum Kenntnisse von OpenOffice.org und XSL.

**1.2.4. Das Metamodell anpassen**

Das Metamodell definiert die Ausdrucksmächtigkeit, die ein Prozessingenieur für die Gestaltung und Anpassung des V-Modells zur Verfügung hat. Es ist Kern und Basis des V-Modells.

Alle nicht vorgesehenen Informationen und Verknüpfungen kann der Prozessingenieur nur durch Prosa beschreiben. Das verhindert allerdings eine Unterstützung durch Werkzeuge und die automatische Konsistenzsicherung. Das Metamodell kennt z. B. nur ein relativ einfaches, flaches Rollenmodell. Es kennt keine Teams oder Ausschüsse, die sich ihrerseits aus anderen Rollen zusammensetzen. Sollen solche zusätzliche Informationen *strukturiert* aufgenommen werden, muss das Metamodell erweitert werden. Für Änderungen daran existiert aber keinerlei Werkzeugunterstützung (außer XML-Schema-Editoren). Sollen nur zusätzliche Elemente und Attribute hinzugefügt werden, ist dies noch relativ einfach. Sobald jedoch bestehende Strukturen angepasst werden, zieht das unter Umständen eine Menge zusätzlicher Änderungen in der V-Modell-Dokumentation, den Werkzeugen und den Produktvorlagen nach sich.

---

**Operation am offenen Herzen**

Für solche Erweiterungen benötigt der Prozessingenieur detaillierte Kenntnisse im Umgang mit dem V-Modell Editor und XML-Schema. Dies wird V-Modell-Einsteigern *nicht* empfohlen.

---

### 1.2.5. Werkzeuge anpassen

Die Werkzeuge des V-Modells stehen als Open-Source-Implementierung zur Verfügung und decken die Basisfunktionalität für den Umgang mit dem V-Modell ab. Sowohl für den Editor als auch für den Projektassistenten wünschen sich die Anwender oft zusätzliche Funktionen. Da der Quellcode unter Sourceforge[4] frei verfügbar ist, kann prinzipiell jeder die Werkzeuge erweitern. Um die Werkzeuge zu erweitern, benötigt der Prozessingenieur Kenntnisse von Java, XSL und OpenOffice.org.

## 1.3. Grundlegende Konzepte für Anpasser

Wer das V-Modell anpassen, erweitern oder neu gestalten möchte, muss prinzipiell in drei Dimensionen denken: Zunächst gilt es, die *Inhalte* zu erarbeiten und in eigenständigen *Modulen* (Bausteinen) zu organisieren. Danach

---

[4] http://sourceforge.net/projects/fourever

muss sich der Prozessingenieur in die Lage des Projektleiters versetzen und bestimmen, welche *Tailoringoptionen* in welcher Projektkonstellation sinnvoll sind. Schließlich kann er sich die eigene Entwicklungs- und Weiterentwicklungsarbeit noch vereinfachen, indem er das Vorgehensmodell hierarchisch in *Modellvarianten* unterteilt.

### 1.3.1. Inhalte modularisieren

Das V-Modell setzt stark auf die Modularisierung seiner Inhalte. Wie bei der Programmierung besitzt die Bildung von untereinander (relativ) unabhängigen Modulen auch hier zwei Vorteile:

- Module kapseln Informationen und erleichtern die gezielte Weiterentwicklung.
- Module geben Möglichkeiten zur Konfiguration, indem Konfigurationsoptionen auf Basis der bestehenden Module definiert sind.

Im V-Modell existieren zwei Modultypen: *Vorgehensbausteine* kapseln Produkte, ihre Aktivitäten und die zugehörigen Abhängigkeiten. *Ablaufbausteine* kapseln Abläufe, also Entscheidungspunkte und ihre Reihenfolge.

**Vorgehensbausteine.** Vorgehensbausteine enthalten die Inhalte und Abhängigkeiten des V-Modells. Üblicherweise sind sie die bevorzugte Anpassungsgröße. In ihnen können neue Produkte, Themen, Aktivitäten und Arbeitsschritte angelegt und über vorgegebene Beziehungsklassen in das anzupassende Modell integriert werden.

Vorgehensbausteine modularisieren zwar die Inhalte des V-Modells, es bestehen aber auch Abhängigkeiten zwischen Vorgehensbausteinen: Der Vorgehensbaustein *SW-*

## 1.3. Grundlegende Konzepte für Anpasser 13

*Entwicklung* kann z. B. nur sinnvoll angewendet werden, wenn auch der Vorgehensbaustein *Systemerstellung* ausgewählt ist. Solche sog. *Basiert-auf-Beziehungen* werden explizit modelliert und in der Vorgehensbausteinlandkarte visualisiert. Die Landkarte nutzt damit sowohl dem Prozessingenieur beim Erarbeiten, als auch dem Projektleiter beim Tailoring des Modells.

**Ablaufbausteine.** Ablaufbausteine enthalten die Abläufe des V-Modells. Sie beschreiben zeitliche Reihenfolgen von Entscheidungspunkten. Während Vorgehensbausteine relativ lose gekoppelt sind, binden sich Ablaufbausteine als Unterabläufe gegenseitig ein. Damit ergibt sich ein starkes Abhängigkeitsgeflecht zwischen den Ablaufbausteinen. Um dieses Abhängigkeitsgeflecht wartbar und erweiterbar zu machen, erfolgt die Einbindung indirekt über sog. *Ablaufbausteinspezifikationen*. Während des Tailorings wählt der Projektleiter einen Ausschnitt aus dem Ablaufbausteingeflecht aus. Dieser Teil ist dann die sog. *Projektdurchführungsstrategie* des Projekts.

**Bildungsregeln.** Die Kunst ist es, die Module in der richtigen Größe zu schneiden. Zu große Module werden unübersichtlich und verringern die Tailoringmöglichkeiten. Zu kleine Module machen das Modell unübersichtlich und erschweren damit die Wartung/Weiterentwicklung. Ein Prozessingenieur kann sich an einer Reihe Kriterien orientieren (siehe Kapitel 2.3), um die richtige Größe für Vorgehensbausteine und Ablaufbausteine zu finden. Die Kriterien sind dabei aber keineswegs vollständig oder als Ausschlusskriterien zu verstehen, sondern vor allem als Orientierung gedacht.

## 1.3.2. Das Tailoring

Beim Tailoring wählt der Projektleiter genau die Module aus, die er für die Projektdurchführung benötigt. Alle anderen Module fallen weg.

**Hinweis:** Das V-Modell war ursprünglich so konzipiert, dass der Projektleiter die Module „einfach so" auswählen kann. Aus diesem Grund existiert auch die Vorgehensbausteinlandkarte, um sich bei dieser Tätigkeit zu orientieren. Die Erfahrung zeigt jedoch, dass die Auswahl und die Zusammenhänge schnell sehr komplex werden können und der Projektleiter weitere Hilfsmittel benötigt.

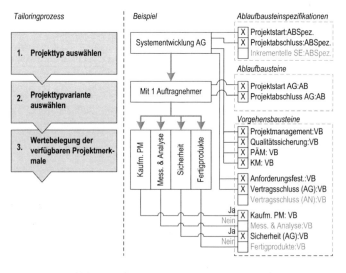

**Abb. 1.2.:** Tailoringprozess des V-Modell XT

Abbildung 1.2 zeigt im linken Teil den grundsätzlichen Ablauf des Tailorings. Der gezeigte mehrstufige Prozess ist nötig, denn insgesamt bietet das V-Modell sehr vie-

## 1.3. Grundlegende Konzepte für Anpasser

le Tailoringoptionen, deren Auswahl in *einem* Schritt niemand leisten kann.

Seit der Version 1.3 des V-Modells erfolgt das Tailoring daher ausschließlich indirekt über *Projekttypen*, *Projekttypvarianten* und *Projektmerkmale*, die im Folgenden erläutert werden. Im rechten Teil der Abb. 1.2 ist ein Beispiel zu sehen: Ausgehend vom Projekttyp *Systementwicklungsprojekt (AG)* wird die Projekttypvariante *AG-Projekt mit einem Auftragnehmer* gewählt. Gleichzeitig werden *Projektmerkmale* zur Auswahl vorgegeben. Die Projekttypvariante steuert die Abläufe bei, aus denen die Projektdurchführungsstrategie ermittelt wird. Sind Projekttyp und Projekttypvariante ausgewählt, können die Projektmerkmale mit konkreten Werten belegt werden. Die Abb. 1.2 zeigt eine beispielhafte Auswahl an verschiedenen Modulen, die aus dem Tailoring resultieren. Die nicht gewählten Modellanteile sind im resultierenden projektspezifischen V-Modell nicht mehr enthalten.

**Projekttypen (Schritt 1).** Die Projekttypen legen den groben Anwendungsfall des V-Modells (Entwicklung von Systemen, Entwicklung von Vorgehensmodellen etc.) fest. Ein Projekttyp ist ein Container, in dem alle Modellelemente referenziert werden, die für Projekte bestimmter Klassen erforderlich sind. Projekttypen geben verpflichtende Vorgehensbausteine und Ablaufbausteinspezifikationen vor. Darüber hinaus bestimmt die Auswahl des Projekttyps, wie das Tailoring weitergeht, da Projekttypvarianten und Projektmerkmale vorgegeben werden.

**Projekttypvarianten (Schritt 2).** Projekttypvarianten sind ein neues Konzept im V-Modell. Während Projekttypen durch Spezifikationen und verpflichtende Elemente den grundlegenden Rahmen festlegen, stellen Projekttypvarianten konkrete Ausgestaltungen dar. Sie definieren, welche Ablaufbausteine zu berücksichtigen sind, welche weiteren Vorgehensbausteine eingebunden werden müssen und ob zusätzliche Projektmerkmale zur Auswahl verfügbar sind. Auf Basis einer Projekttypvariante wird eine „maximale" Projektdurchführungsstrategie berechnet, die als Grafik in der V-Modell-Dokumentation hinterlegt wird. Beim Tailoring werden die Teile der Grafik gelöscht, die nicht über Projektmerkmale ausgewählt werden.

**Hinweis:** Die Projekttypvarianten und Projektdurchführungsstrategien dürfen nicht verwechselt oder vermischt werden, obwohl sie sich in der V-Modell-Dokumentation an der gleichen Stelle befinden. Projekttypvarianten sind ein reines Tailoringkonstrukt, das nach dem Tailoring bedeutungslos ist, wohingegen die Projektdurchführungsstrategie über das gesamte Projekt hinweg für die Meilensteinplanung benutzt wird.

**Projektmerkmale (Schritt 3).** Projektmerkmalen kommt in der Version 1.3 eine größere Bedeutung zu als in allen vorhergehenden Versionen des V-Modells. Sie werden entweder von Projekttypen oder von Projekttypvarianten referenziert und steuern somit in der dritten Tailoringstufe die Einbindung von Vorgehens- und Ablaufbausteinen. Es wird in letzter Instanz über Projektmerkmale bestimmt, welche Inhalte das projektspezifische V-Modell enthält.

### 1.3.3. Modellvarianten bilden

Bei einem öffentlichen Vorgehensmodell wie dem V-Modell wissen die Erarbeiter des Standards (genannt: *Referenzmodell*) nicht, wer das Vorgehensmodell anpasst und

## 1.3. Grundlegende Konzepte für Anpasser 17

erweitert. Auch können beliebig viele untereinander unabhängige Erweiterungen des öffentlichen Standards existieren. Ein organisationsspezifisch angepasstes V-Modell wird also von zwei unabhängigen Entwicklergruppen erstellt: Eine Gruppe definiert den Standard, eine weitere Gruppe passt den Standard an und erweitert ihn.

Ein Problem entsteht bei dieser Vorgehensweise, wenn sich das Referenzmodell weiterentwickelt, *nachdem* es als Basis für organisationsspezifische Erweiterungen diente. Die Anpasser stehen dann vor der Wahl: Entweder sie machen ihre eigenen Änderungen auf Basis des neuen Referenzmodells erneut, oder sie ziehen die Änderungen am Referenzmodell in ihrem angepassten Modell nach. Beide Vorgehensweisen können im Allgemeinen sehr aufwändig sein.

Das V-Modell bietet seit Version 1.3 die Möglichkeit, Änderungen zu *modellieren*. Der Prozessingenieur benennt eine Rolle nicht mehr einfach um, sondern legt ein neues Modellelement vom Typ *RolleUmbenennen*[5] an, das die Alt/Neu-Information enthält (siehe Abb. 1.1). Solche Änderungen speichert er physikalisch getrennt vom Referenzmodell in einem eigenen *Erweiterungsmodell*, das auch *V-Modell-Variante* heißt (siehe Kapitel 3.2). Ändert sich das Referenzmodell, werden die Änderungen einfach erneut auf die neue Version angewendet – idealerweise genügt ein Austausch von zwei Dateien. Bei dieser Vorgehensweise können zusätzliche Änderungen notwendig sein, z. B. wenn im Referenzmodell Elemente gelöscht wurden, auf die sich das Erweiterungsmodell bezieht. Die Praxis zeigt, dass diese Form der Anpassung bei Referenzmodelländerungen weniger Aufwand benötigt.

---

5 Änderungsoperationen werden in Kapitel 3.2.4 behandelt.

**Hinweis:** Auch das Referenz- bzw. Standard V-Modell XT ist „nur" eine V-Modell-Variante. Diese Variante enthält alle Inhalte des „klassischen" KBSt-Modells und ist voll funktionsfähig mit allen Werkzeugen.

Die Funktionalität des „Auto-Updates" erkauft sich der Anpasser durch einen erhöhten Aufwand: Natürlich ist es einfacher, einen Rollennamen zu ändern anstatt erst ein neues Modellelement dafür anzulegen. Deshalb sollte sich der Prozessingenieur gut überlegen, ob er eine eigene V-Modell-Variante bildet (siehe Kapitel 3.2) und bei der Entscheidung folgende Kriterien heranziehen:

**Unabhängigkeit:** Es existieren zwei unabhängige Gruppen von Entwicklern, von denen eine das Referenzmodell entwickelt und eine andere das Referenzmodell erweitert und anpasst.

**Konformität:** Die Anpasser legen Wert auf Konformität. Entwickelt sich das Referenzmodell weiter, wollen sie diese Änderungen auch in ihrem eigenen Modell nachziehen.

Diese Bedingungen können übrigens auch in großen Konzernen gegeben sein, wo konzernweit ein Referenzmodell existiert, das dann jede Abteilung an ihre eigenen Bedürfnisse anpasst.

## 1.4. Die V-Modell-Werkzeuge

Das V-Modell stellt bei seiner Installation zwei Referenzwerkzeuge für seine Anpassung bereit. Der Editor dient der organisationsspezifischen Anpassung des V-Modells. Nach deren Durchführung kann der Editor dazu verwendet werden, eine Prozessdokumentation zu erzeugen. Der Projektassistent nimmt projektspezifische Anpassungen des V-Modells vor. Hierzu kann er als Grundlage entweder das Standard V-Modell heranziehen oder auch eine organisationsspezifische Variante davon.

### 1.4.1. Der V-Modell XT Editor

Der Editor wird zur Bearbeitung von XML-Dateien herangezogen. Er beschränkt sich nicht nur auf V-Modell-

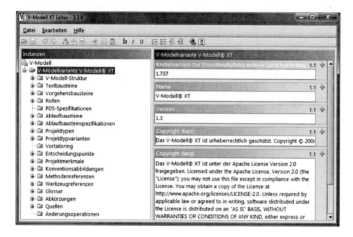

**Abb. 1.3.:** Der V-Modell XT Editor dient der Bearbeitung des V-Modells

relevante Dateien, sondern kann auch für die Bearbeitung von anderen XML-Dateien verwendet werden, sofern diese ein kompatibles XSD-Schema vorweisen.

**Hinweis:** Der V-Modell XT Editor wird nicht nur für organisationsspezifische Anpassungen des V-Modells verwendet. Die Entwicklung des V-Modell XT wurde mithilfe dieses Werkzeugs durchgeführt und der Editor wird auch für die Weiterentwicklung des V-Modell XT eingesetzt.

Der Editor setzt sich im Groben aus fünf Bestandteilen zusammen (siehe auch Abb. 1.3):

1. Eine Ansicht der XML-Knoten als Baumstruktur (in der Abbildung links).
2. Ein Bearbeitungsbereich für die Werte und Attribute eines ausgewählten XML-Knotens (rechts).
3. Eine Leiste mit verschiedenen Funktionen zur Bearbeitung (oberhalb der genannten Bereiche).
4. Eine Export-Komponente zur Erzeugung einer PDF- oder HTML-Ansicht der bearbeiteten Daten (über das Menü zugänglich).
5. Eine Komponente zur Zusammenführung von aufeinander aufbauenden V-Modell-Varianten.

Die letzte Komponente ist die einzige, die spezifisch für das V-Modell ist. Sie setzt eine gewisse Beschaffenheit der XML-Struktur voraus. Die übrigen Bestandteile sind so generisch, dass sie auch für andere Modelle eingesetzt werden können. Eine Dokumentation zum Editor findet sich auf den Internetseiten des V-Modells [3].

### 1.4.2. Der V-Modell XT Projektassistent

Für die projektspezifische Anpassung stellt das V-Modell den Projektassistenten (Abb. 1.4) zur Verfügung. Er unterstützt den Projektleiter zu Beginn des Projekts. Vorrangig liegt die Unterstützung im Tailoring, also in der projektspezifischen Anpassung, die ein Zuschneiden der Prozessdokumentation zur Folge hat. Diese angepasste Dokumentation kann in den Formaten PDF und HTML exportiert werden.

Der Projektassistent unterstützt auch die Erzeugung von Produktvorlagen, deren Menge und Inhalt auf die pro-

## 1.4. Die V-Modell-Werkzeuge

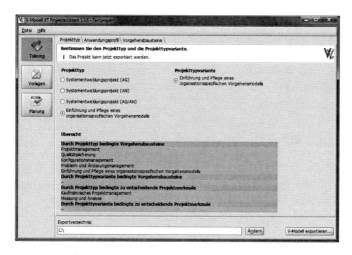

**Abb. 1.4.:** Der V-Modell XT Projektassistent unterstützt die projektspezifische Anpassung

jektspezifischen Belange zurechtgeschnitten ist. Die Produktvorlagen können Mustertexte beinhalten, die als Vorleistung zur Erstellung von Dokumenten im Projekt bereitgestellt werden können. Weiterhin unterstützt der Projektassistent auch die initiale Planung des Projektablaufs. Hierfür steht eine grafische Planungskomponente bereit, mit der die Entscheidungspunkte im Projekt mit Terminen versehen werden können. Insbesondere können mehrere Iterationen vorgesehen werden und parallele Abläufe geplant werden. Auf Basis dieser Planung kann eine Projektplan-Datei erzeugt werden, die von Microsoft Project und dem frei verfügbaren GanttProject eingelesen werden kann. Darin sind alle geplanten Meilensteintermine und die auszuführenden Aktivitätstypen enthalten. Bei Verwendung des Formats *MS Project XML* wird zusätzlich zu einer Aktivität auch die verantwortliche Rolle als Ressource eingetragen.

Der Projektassistent enthält eine Hilfedatei, die im Programm unter *Hilfe* aufgerufen werden kann. Darin ist die Nutzung des Werkzeugs und der Kernfunktionen anhand von Screenshots beschrieben.

### 1.4.3. Entwicklungsumgebung

Für den Aufbau einer Entwicklungsumgebung für das V-Modell sind noch eine Reihe weiterer Werkzeuge erforderlich. Der Editor unterstützt nur die Bearbeitung des Modells und der Mustertexte. Darüber hinaus gehende Inhalte müssen mit eigenen Werkzeugen bearbeitet werden. Zu nennen sind hier insbesondere: OpenOffice.org für die Bearbeitung der Exportvorlagen und Microsoft Visio für die Bearbeitung der Bilderquellen.

Eine Liste von Werkzeugen, die sich in der Bearbeitung des V-Modells gut bewährt haben, ist in Anhang D aufgeführt.

## 2. Anpassungs- und Einführungsprozess

Das V-Modell ist ein *anpassbares* Vorgehensmodell. Das heißt, dass dem Anwender verschiedene Möglichkeiten angeboten werden, eine Anpassung durchzuführen. Als Mittel zur Systematisierung bietet das V-Modell einen eigenen Projekttyp für Anpassungsprojekte an. Dieser wird hier vorgestellt und in seinen verschiedenen Bestandteilen ausdetailliert. Um Anpassungen des Vorgehensmodells qualitativ zu prüfen und zu bewerten, wird für das V-Modell ein Konformitätsbegriff definiert. Die Beschreibung der Konformität und des zugehörigen Zertifizierungssystems bildet den Abschluss.

Am Ende dieses Kapitels hat der Leser einen Überblick über das Anpassungsverfahren des V-Modells erhalten und verfügt über Informationen zu Konformität und Zertifizierung.

### 2.1. Der ORG-Projekttyp

Die organisationsspezifische Anpassung des V-Modells findet im Rahmen eines eigenständigen Projekts statt. Das V-Modell bietet hierfür bereits standardmäßig den Projekttyp *Einführung und Pflege eines organisationsspezifischen Vorgehensmodells* (kurz: ORG) an. Prinzipiell beschreibt der ORG-Projekttyp eine systematische Vorgehensweise zur Anpassung und Einführung verschiedenster Prozesse. Er ist somit nicht allein auf das V-Modell beschränkt.

## 2. Anpassungs- und Einführungsprozess

Dieses Buch versteht sich somit als spezifische methodische Ausprägung speziell für die Anpassung und Einführung des V-Modells. Das hier beschriebene Vorgehen deckt die Schritte

Analyse ⇒ Konzeption ⇒ Realisierung ⇒ Einführung

(Abschnitte 2.2 bis 2.5) ab. Die Anpassungsoptionen, die hier gezeigt und erläutert werden, dienen dazu, konformitätserhaltende (Abschnitt 2.7) Anpassungen des V-Modells durchzuführen.

**Vorgehensbaustein.** Der ORG-Projekttyp kann wie jedes andere V-Modell-Projekt im Projektassistenten gewählt und initialisiert werden. Neben den Kernbausteinen steht der Vorgehensbaustein *Einführung und Pflege eines organisationsspezifischen Vorgehensmodells* zur Verfügung. Dieser enthält die vier in Abb. 2.1 gezeigten Produkte.

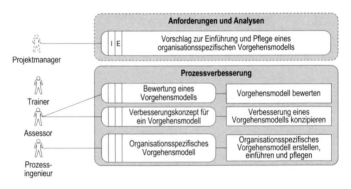

**Abb. 2.1.:** Vorgehensbaustein für den ORG-Projekttyp

Das Produkt *Vorschlag zur Einführung und Pflege eines organisationsspezifischen Vorgehensmodells* entspricht dem *Pro-*

*jektvorschlag* der entwicklungsbezogenen Projekte. Es enthält alle Informationen, die das Management benötigt, um die Rentabilität eines Verbesserungs- bzw. Einführungsprojekts zu bestätigen. Analog zum *Projektvorschlag* ist dieses Produkt Voraussetzung für den Projektstart.

Die *Bewertung eines Vorgehensmodells* dokumentiert die aktuelle Prozessreife der Organisation. Diese wird von einem *Assessor* festgestellt und kann bereits erste Maßnahmen für eine Verbesserung enthalten.

Das *Verbesserungskonzept für ein Vorgehensmodell* legt die Rahmenbedingungen fest. Es beschreibt, welche Maßnahmen umzusetzen sind und wie die Pilotierung sowie die Einführung gestaltet werden. Auch die Schulung der Mitarbeiter kann hier konzipiert werden.

Das *Organisationsspezifische Vorgehensmodell* ist das Ergebnis eines Verbesserungsprozesses.

Zusätzlich zu den Produkten werden durch diesen Projekttyp noch die Rollen *Assessor*, *Prozessingenieur* und *Trainer* eingebunden.

**Hinweis:** Der Prozessingenieur hat i. d. R. die Hauptlast bei einer Anpassung zu tragen. Er kann dieses Buch als Hilfestellung verwenden und ihm alle wesentlichen Schritte (Kapitel 3 und 4) zur Gestaltung und Umsetzung eines organisationsspezifischen V-Modells entnehmen.

**Projektdurchführungsstrategie.** Der ORG-Projekttyp bietet mit seiner einzigen Projekttypvariante auch eine Projektdurchführungsstrategie (Abb. 2.2) an.

Es gibt drei Entscheidungspunkte, die für die Anpassung und Einführung eines Vorgehensmodells spezifisch sind. Zu jedem dieser Entscheidungspunkte ist ein Produkt aus dem gerade gezeigten Vorgehensbaustein, das spezifisch für den jeweiligen Projektabschnitt ist, vorzulegen.

26  2. Anpassungs- und Einführungsprozess

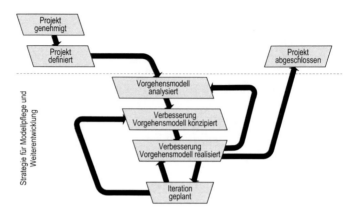

**Abb. 2.2.:** Projektdurchführungsstrategie für den ORG-Projekttyp

Im Entscheidungspunkt *Vorgehensmodell analysiert* ist das Produkt *Bewertung eines Vorgehensmodells* vorzulegen. Im darauf folgenden Entscheidungspunkt *Verbesserung Vorgehensmodell konzipiert* ist das Produkt *Verbesserungskonzept für ein Vorgehensmodell* vorzulegen. Abschließend ist im Entscheidungspunkt *Verbesserung Vorgehensmodell realisiert* das *Organisationsspezifische Vorgehensmodell* als Ergebnis vorzulegen. In Sinne dieses Buchs ist dieses Ergebnis ein Erweiterungsmodell bzw. ein integriertes Vorgehensmodell, das auf dem V-Modell Metamodell basiert.

Die einzelnen Schritte, die sich sowohl in den Entscheidungspunkten als auch in den jeweils vorzulegenden Produkten widerspiegeln, werden im Anschluss detailliert beschrieben. Jeder dieser Projektabschnitte kann je nach Organisation individuell ablaufen, weshalb im Anschluss nur Techniken und Fragestellungen diskutiert werden, die für das V-Modell relevant sind.

## 2.2. Analyse

In der Analyse, also in dem Projektabschnitt, der mit dem Entscheidungspunkt *Vorgehensmodell analysiert* abgeschlossen wird, sind grundlegende Überlegungen anzustellen und zur Entscheidungsfindung aufzubereiten. Diese betreffen

- die Ziele,
- die Rahmenbedingungen und
- die Ist-Analyse

der relevanten Prozesse bzw. eines Vorgehensmodells.

### 2.2.1. Ziele

Die Einführung des V-Modells sollte immer aus einer konkreten Zielstellung heraus erfolgen [5]. Im Wesentlichen sind folgende Zielstellungen möglich:

- Einführung des Standards
- Verbesserung der eigenen Prozesse
- Migration auf die V-Modell-Konzepte

**Einführung des Standards.** Es wird ausdrücklich die Nähe zum V-Modell-Standard gesucht. Die Umsetzung und Fortführung der eigenen Prozesse steht im Hintergrund. Ein Grund für solch ein Vorgehen ist z. B. die verpflichtende Anwendung – ein typisches Szenario in der öffentlichen Verwaltung. Gerade für Auftragnehmer in öffentlichen Projekten kann die Einführung des Standards ein nicht zu unterschätzender Wettbewerbsvorteil sein.

**Verbesserung der eigenen Prozesse.** In diesem Szenario steht die optimale Anpassung oder Konsolidierung von etablierten Organisationsprozessen ohne äußeren Druck im Vordergrund. Hier können Organisationen die Modellierungsoptionen des V-Modells nutzen, um eigene Prozesse zu harmonisieren. Die Konformität zum Standard steht hierbei nicht im Vordergrund.

**Migration auf die V-Modell-Konzepte.** Dieses Szenario basiert auf der Annahme, dass eine Organisation bereits über ein Vorgehensmodell verfügt und dieses den Erfordernissen entsprechend gestaltet ist. Die Motivation, die existierenden Prozesse auf das V-Modell zu migrieren, kann z. B. in der weitreichenden Werkzeugunterstützung des V-Modells liegen. Dementsprechend stehen auch hier eher weniger die Standardinhalte, dafür aber mehr das Metamodell und die technologischen Infrastrukturen im Zentrum der Aufmerksamkeit.

### 2.2.2. Rahmenbedingungen

Nach der Definition von Zielen müssen die Rahmenbedingungen geklärt werden. Sie legen die Grenzen für die Anpassung fest. Die folgenden Aspekte müssen mindestes berücksichtigt werden:

- Projektlandschaft
- Konformität zum V-Modell
- Umgang mit existierenden Prozessen
- Werkzeuge

**Projektlandschaft.** Die typischen Projekte sind maßgeblich für die Feststellung des Anpassungsbedarfs. Das V-Modell nimmt eine Klassifikation von Projekten vor. In der Projektlandschaft muss im Rahmen der Analyse des

Ist-Standes (Abschnitt 2.2.3) eine entsprechende Klassifikation vorgenommen werden, um z. B. festzulegen, ob eine Einführung des V-Modells umfassend oder punktuell für ausgewählte Projekttypen stattfinden soll.

**Konformität zum V-Modell.** Es gibt ein Konformitätsprogramm für das V-Modell, das bewertet, ob eine Anpassung noch V-Modell „heißen darf" (Abschnitt 2.7). Bereits während der Analyse muss entschieden werden, ob die Konformität berücksichtigt werden muss.

**Hinweis:** Beachten Sie, dass die Konformität während der Anpassung zu Einschränkungen führt. Konformitätserhaltende Anpassungen führen z. B. dazu, dass keine manuellen Löschungen im Referenzmodell vorgenommen werden dürfen. Lediglich die Operationen, wie sie im Kapitel 3.3 beschrieben sind, sind konformitätserhaltend.

**Umgang mit bestehenden Prozessen.** Anpassungen werden üblicherweise nicht auf der grünen Wiese gemacht. Vielmehr gibt es bereits eine Vielzahl existierender Prozesse, die mehr oder weniger umfassend dokumentiert sind. Weiterhin sind i. d. R. bereits verschiedene Vorlagen vorhanden, die beibehalten werden sollen. Im Rahmen einer Anpassung ist es *nicht* sinnvoll, alle etablierten und vor allem akzeptierten Prozesse zu verwerfen. Der Umgang mit solchen Prozessen und Produkten ist ebenfalls schon während der Analyse zu bestimmen.

**Werkzeuge.** In jeder Organisation sind Werkzeuge etabliert, die in den Projekten eingesetzt werden. Im Rahmen der Analyse ist ebenfalls festzustellen, welche Werkzeuge bereits vorhanden, welche ggf. neu beschafft und welche stillgelegt werden müssen.

## 2.2.3. Ist-Analyse

Die Analyse des aktuellen Status bzw. der Prozessreife soll Klarheit über den Anpassungsbedarf bringen. Bei der Analyse sind bereits die Zielstellungen und Rahmenbedingungen (soweit bekannt) mit zu berücksichtigen, da so früher abgeschätzt werden kann, ob diese Ziele ausgehend vom Ist-Stand erreichbar sind; ggf. sind erste Maßnahmen identifizierbar.

**Ursache und Wirkung.** Da es verschiedene Gründe geben kann, die eine Prozessanpassung, -verbesserung und -einführung motivieren, müssen diese in der Analyse zunächst ermittelt werden. Ist z. B. der Treiber ein Qualitätsproblem, muss dieses identifiziert werden. Die Ursachen sind zu benennen und die betroffenen Rollen, Prozesse und Organisationseinheiten zu identifizieren.

**Abläufe, Ergebnisse etc.** Nach der Aufstellung sind die identifizierten Prozesse im Detail zu analysieren. Es sind die Abläufe, Rollen und Ergebnisse zu identifizieren (*Frage*: Was wird gemacht und was kommt dabei heraus?). Gleichzeitig sind auch mögliche Variationen zu erfassen. Hier sollten z. B. im Rahmen von Workshops detaillierte Ergebnis- und Ablaufmodelle erstellt werden. Diese helfen die aktuellen Prozesse zu verstehen und liefern wertvolle Informationen für die Konzeption der Anpassung des V-Modells.

**Klassifizierung.** Die zu betrachtenden Prozesse sind zu klassifizieren, um die eindeutige Zuordnung zu gestatten. Es muss also unterschieden werden, ob es sich um ein internes Entwicklungsprojekt handelt oder um ein Beratungsprojekt etc. Damit entsteht eine Prozessstruktur, die eine Abschätzung erlaubt, ob Prozesse in ihrer Gänze oder nur einzelne Schritte angepasst werden müssen. Für das Festlegen von Anpassungs- und Einführungsstrategien sind dies wertvolle Informationen. Im Kontext des V-Modells ist diese Klassifizierung besonders wichtig, da eine solche Struktur später bei der Konzeption und Modellierung berücksichtigt werden muss.

**Ziel.** Ziel ist es, innerhalb der Prozesslandschaft diejenigen Prozesse zu identifizieren, die von der Anpassung direkt betroffen sind, und diejenigen, die aufgrund der Anpassung mittelbar betroffen sein könnten. Ferner sollen die Stakeholder und ggf. die notwendige Werkzeuginfrastruktur ermittelt werden.

## 2.3. Konzeption

Nach der Analyse muss die Anpassung konzipiert werden. Das bedeutet, dass die notwendigen Anpassungen inhaltlich definiert werden, ohne die technische Realisierung vorwegzunehmen. Dieser Abschnitt beschreibt (vgl. Abb. 2.3), welche grundsätzlichen Anpassungsoptionen verfügbar sind, wie die Strukturierung der Ergebnisse, Abläufe, des Tailorings erfolgen kann und welche Ergebnisse vorliegen sollten.

**Hinweis:** Wer bei der Konzeption nachlässig vorgeht und die hier aufgeworfenen Fragen erst bei der Implementierung im V-Modell-Editor klärt, erhöht den Arbeitsaufwand drastisch, da Änderungen in der Konzeptionsphase übersichtlicher und einfacher zu überschauen sind.

# 2. Anpassungs- und Einführungsprozess

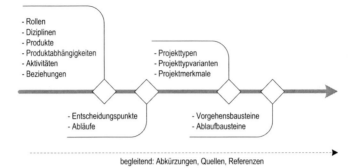

Abb. 2.3.: Vorgehen bei der Konzeption

## 2.3.1. Optionen und Auswahl

Wie in Kapitel 1.1 erwähnt, existieren grundsätzlich drei unterschiedliche Formen der Anpassung, deren Eigenschaften in Tabelle 2.1 im Überblick dargestellt sind. Die

| Eigenschaft | Neuaufbau | Änderung | Erweiterungsmodell |
|---|---|---|---|
| inhaltliche Änderungen | ++ | - - | nur ÄOps, Vortailoring, Ergänzungen |
| Wiederverwendung | - - | ++ | ++ |
| Auto Update | n.r. | - - | ++ |
| Konformitätsprüfung | n.r. | - - | + |

Tabelle 2.1.: Bewertung der Anpassungsmöglichkeiten

Entscheidung für einen der Anpassungstypen muss zu Beginn der Konzeption getroffen werden, da sich daraus Möglichkeiten und Einschränkungen für die zu modellierenden Inhalte ableiten. Im Fall eines Erweiterungsmodells sind die Änderungen an den bestehenden Inhalten z. B. durch die verfügbaren Änderungsoperationen limitiert. Damit können z. B. keine Produkte aus Vorgehensbausteinen des Referenzmodells gelöscht werden.

### 2.3.2. Ergebnisstruktur und Rollen

Für die Akzeptanz eines Vorgehensmodells ist es besonders wichtig, dass sich die Anwender selbst damit identifizieren können. Der Prozessingenieur hat hier also die Aufgabe, das Rollenmodell so auszugestalten, dass sich jeder Einzelne möglichst gut und möglichst schnell darin wiederfindet. Findet jemand sich oder seine Rolle nicht im Vorgehensmodell wieder oder stimmen die definierten Aufgaben und Kompetenzen nicht mit dem Selbstverständnis der jeweiligen Person überein, werden auch die übrigen Inhalte sofort angezweifelt.

**Rollen.** Das Metamodell für Rollen ist sehr einfach gehalten. Rollen definieren sich über eine kurze *Beschreibung*, über *Aufgaben und Befugnisse* und über ein *Fähigkeitsprofil*. Über *Verantwortlichkeiten* und *Mitwirkungen* an Produkten werden sie in den Prozess eingebunden.

Das V-Modell selbst umfasst fast ausschließlich Projektrollen. Es macht keine Vorgaben zur Organisationsstruktur (z. B. Linienorganisation) außerhalb des Projekts. Es bestehen i. d. R. aber Abhängigkeiten zwischen Projekt- und Linienorganisation. Der Prozessingenieur muss also

## 2. Anpassungs- und Einführungsprozess

diejenigen *Organisationsrollen* herausfinden, die im Projekt wichtig sind und ihre Mitwirkung an im Projekt erarbeiteten Produkten beschreiben.

**Hinweis:** Um die „richtigen" Rollen und Bezeichnungen zu finden, kann sich der Prozessingenieur an der Linienorganisation und an Stellenbezeichnungen orientieren. Häufig finden sich in Organigrammen, in Ausschreibungen und auf Visitenkarten Bezeichnungen, die ins Vorgehensmodell übernommen werden können.

**Produkte.** Die Gestaltung des Produktmodells ist aufwändiger als die Definition der Rollen. Der Prozessingenieur muss dabei die folgenden Fragen beantworten:

- Welche *Produkte* bzw. Produkttypen existieren?
- Welche Inhalte (*Themen*) sind jeweils enthalten?
- Wie lässt sich die Menge aller Produkte sinnvoll (in *Disziplinen*) unterteilen?
- Welche *Abhängigkeiten* bestehen zwischen den einzelnen Produkten?
- Wer ist für die einzelnen Produkte *verantwortlich* und wer *wirkt* unterstützend *mit*?

Ein Produkt zeichnet sich dadurch aus, dass seine Inhalte stark von anderen abhängig sein können. Darüber hinaus können alle Inhalte eines Produkts von derselben Person bzw. Rolle verantwortet werden. Ein Produkt zeichnet sich auch dadurch aus, dass seine Inhalte im Verlauf des Projekts ungefähr gleichzeitig fertiggestellt werden. Die Inhalte des *Projektvorschlags* und des *Projektabschlussberichts* können somit z. B. nicht in einem Produkt zusammengefasst werden.

**Einfache Produktliste.** Für die Festlegung der Ergebnisstruktur empfiehlt es sich, zuerst eine Produktliste zu erstellen. Eine Produktliste definiert alle Produkte im Vorgehensmodell mit ihren wichtigsten Eigenschaften und dient dazu, einen möglichst umfassenden Überblick über die notwendigen Anpassungen zu erhalten. Für jeden Produkttyp sollten mindestens der Name, die wichtigsten Inhalte und die verantwortliche Rolle benannt werden. Die Produktliste muss noch nicht strukturiert oder priorisiert sein. Es genügt zunächst, z. B. eine einfache Excel-Tabelle anzufertigen.

**Hinweis:** Beim „Schneiden" der Produkte sollten Sie berücksichtigen, dass nicht jedes Artefakt, das irgendwann angefertigt wird, einen eigenständigen Produkttyp rechtfertigt. Prüfen Sie, ob es sich bei einem Kandidaten nicht möglicherweise nur um ein Thema handelt. Darüber hinaus existiert eine weitere Faustformel: Werden Ergebnisse zu einem Entscheidungspunkt geprüft oder aus dem Projekt herausgegeben (z. B. an einen externen Dienstleister), sind dies vielversprechende Kandidaten für „echte" Produkttypen.

**Erweiterte Produktliste.** Die relativ einfache Produktliste kann sukzessive um weitere Inhalte erweitert werden. Für jedes Produkt müssen dabei die einzelnen Themen und Unterthemen definiert werden.

An dieser Stelle muss bereits darauf geachtet werden, dass das Tailoring (siehe Abschnitt 2.3.4) auf Themenebene erfolgt. Dies bedeutet, dass die Themen so geschnitten werden sollten, dass die definierten Inhalte entweder komplett benötigt oder komplett gestrichen werden. Ist es zu erwarten, dass die Inhalte eines Themas je nach Tailoring nur teilweise benötigt werden, ist das ein Hinweis, sie besser in zwei Themen aufzuteilen.

**Beispiel:** Die *Sicherheitsanforderungen* im Lastenheft des V-Modells bieten ein gutes Beispiel. Sie werden i. d. R. zu den nichtfunktionalen Anforderungen gezählt und würden damit ein

> Unterthema unterhalb des Themas *Nicht-funktionale Anforderungen* bilden. Da das Tailoring aber nicht auf der Ebene von Unterthemen funktioniert, wären die Sicherheitsanforderungen damit immer im Lastenheft vorhanden, was nicht gewünscht ist. Deshalb existieren im V-Modell die drei Themen: *Funktionale Anforderungen*, *Nicht-funktionale Anforderungen* und *Sicherheitsanforderungen*.

Auf Basis der detaillierten Themenstruktur kann die Produktliste um die mitwirkenden Rollen ergänzt werden, da nun klar ist, welche Inhalte genau benötigt werden.

**Produktabhängigkeiten.** Das Metamodell des V-Modells sieht die vier Produktabhängigkeitstypen *erzeugend, inhaltlich, strukturell* und *Tailoring* vor. Für die Definition der Produktstruktur sind die ersten drei von Bedeutung:

Die *Erzeugenden Produktabhängigkeiten* legen zusammen mit der Markierung eines Produkts als *initial* und/oder *extern* fest, wie viele Exemplare eines Produkttyps im Projekt erstellt werden und wo diese Informationen dokumentiert werden. Sie definieren, wie sich die Produktstruktur im Projekt aufbaut und dienen damit als Stellschraube für den Projekt- bzw. Dokumentationsaufwand. Für die Konzeption der Erzeugnisstrukturen empfiehlt sich auf Basis der Produktliste eine baumartige, grafische Darstellung. Mit dieser kann die Attributierung (z. B. ob ein Produkt initial ist) bestimmt werden. Gleichzeitig sind die einzelnen Abhängigkeiten sichtbar, die während der Realisierung modelliert werden müssen.

> **Hinweis:** Zur Erinnerung: Initiale Produkte müssen in jedem Fall erstellt werden und es soll nur ein Exemplar davon existieren. Von ihnen gehen die Erzeugungsbeziehungen aus, die festlegen, welche weiteren Produkte erzeugt werden sollten.

*Inhaltliche Produktabhängigkeiten* definieren inhaltliche Zusammenhänge zwischen den Produkttypen und dienen

## 2.3. Konzeption 37

damit als wichtige Information bei der Prüfung der Konsistenz eines Produktexemplars zu anderen Produktexemplaren. Inhaltliche Produktabhängigkeiten dienen insbesondere auch dazu, um Redundanzen zwischen Produkten explizit zu kennzeichnen.

**Beispiel:** Das Thema *Aktuelle Risiken und Risikomaßnahmen* ist z. B. ein Auszug aus der Risikoliste; der inhaltliche Zusammenhang ist dementsprechend dokumentiert.

Inhaltliche Produktabhängigkeiten sind prinzipiell ungerichtet. Dies bedeutet, dass man damit nicht modellieren kann, dass Inhalte eines Produkts in ein anderes übernommen werden müssen. Im Bedarfsfall muss dies textlich beschrieben werden, wenn es sich nicht sowieso aus der Erstellungsreihenfolge ergibt.

*Strukturelle Produktabhängigkeiten* dienen dazu, den Entwicklungsgegenstand zu dekomponieren. Im V-Modell definieren die strukturellen Produktabhängigkeiten dabei z. B. die Zerlegung eines Systems in Segmente und Einheiten. Grundsätzlich wären auch andere (und einfachere!) Systemmodelle denkbar.

**Aktivitäten.** Sind diese Schritte durchgeführt, liegt ein vollständiges und strukturiertes Konzept für die Struktur der Produkttypen vor. Zu ergänzen sind nun noch die Aktivitäten, die zur Erstellung der Produkte erforderlich sind. Da sämtliche Abhängigkeiten über die Produkte bereits definiert werden, genügt eine einfache Zuordnung der Aktivitäten zu den Produkten bzw. die Zuordnung von Arbeitsschritten zu Themen.

**Abschluss.** Als abschließende Arbeit muss jedes Produkt einer Disziplin zugeordnet werden. Disziplinen sind logische Gruppen, die der Organisation von Produkten und Aktivitäten dienen. Sie sind ausschließlich in der V-Modell-Dokumentation und bei der Vorlagengenerierung wichtig und dienen den Anwendern als Stütze um Produkte zu finden und wiederzufinden.

### 2.3.3. Ablaufstruktur

Bisher steht fest, *wer* am Projekt beteiligt ist (Rollen) und *was* erarbeitet wird (Produkte). Abläufe legen schließlich fest, *wann* die einzelnen Produkte fertiggestellt sein müssen. Viele Vorgehensmodelle geben Aktivitätsreihenfolgen, z.B. mit Ende-Anfangs-Beziehungen, vor. Diese detaillierten Informationen bringen aber oft nicht viel, da im Projekt aus unterschiedlichen Gründen davon abgewichen werden muss. Demgegenüber erweist sich die Reihenfolge der Erreichung von Meilensteinen als stabiler. Das V-Modell bietet dem Prozessingenieur daher umfangreiche Unterstützung zur Definition von Meilensteinreihenfolgen und überlässt die konkreten Aktivitätsreihenfolgen dem Projekt bzw. dem Projektleiter.

**Entscheidungspunkte.** Die Basis für die Definition von Abläufen bilden Entscheidungspunkte. Sie sind, wie in Abb. 2.4 gezeigt, die Verbindung zwischen den Ergebnissen (Statik) und den Abläufen (Dynamik).

Ein Entscheidungspunkt definiert eine *Projektfortschrittsstufe* und bedient sich einer Menge fertiggestellter Produkte. Die Projektfortschrittsstufe *System entworfen* bezeichnet z. B. die Fertigstellung des Systementwurfs auf Systemebene. Im Detail umfasst sie die Produkte *Systemarchitektur* und *IIPK System* aus der Disziplin *System-*

## 2.3. Konzeption

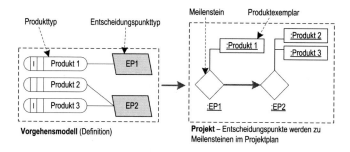

**Abb. 2.4.:** Kopplung von Statik- und Dynamikpaket

*entwurf* und eine Menge weiterer Produkte (u.a. aus den Disziplinen *Systemspezifikationen, Berichtswesen* sowie *Planung und Steuerung*). Das Vorhandensein vordefinierter Entscheidungspunkte stellt an sich schon einen Wert dar: Im Projekt können darauf basierend Meilensteine benannt werden, die damit eine klare Bedeutung erhalten. So bedeutet z. B. der Meilenstein *MeinSystem entworfen*, dass für „MeinSystem" klar ist, aus welchen Segmenten und Einheiten es aufgebaut ist (Systemarchitektur) und wie es implementiert/getestet wird (IIPK System).

**Entscheidungspunkte finden.** Das V-Modell gibt bereits eine Menge Entscheidungspunkte vor, die sich sehr stark am Produktmodell orientieren. In vielen Organisationen existieren darüber hinaus weitere wichtige Projektfortschrittsstufen, wie z.B. *Preliminary Design Review, Critical Design Review, Nullserie freigegeben* etc. Um das V-Modell möglichst gut einzubetten, müssen solche organisationsspezifischen Entscheidungspunkte zuerst identifiziert werden. Dies kann z.B. durch die Betrachtung der Meilensteine in alten Projektplänen geschehen. Darauf aufbauend kann dann entschieden werden, ob die identifizierten Entscheidungspunkte bereits (ggf. unter anderem Namen) durch das V-Modell abgedeckt sind, oder ob sie neu definiert werden müssen.

**Abläufe.** Der Prozessingenieur kann über die reine *Definition* von Entscheidungspunkten hinaus auch Vorgaben und Vorschläge für die korrekte *Reihenfolge* geben.

Das V-Modell unterstützt nur die zeitliche Nachfolgerbeziehung der Art „Entscheidungspunkt Y darf erst erreicht werden, wenn zuvor Entscheidungspunkt X erreicht wurde". Es ist nicht möglich, eine Beziehung der Art „Mit der Anforderungsdefinition darf erst *begonnen* werden, *nachdem* die Projektdefinition mit dem EP Projekt definiert *abgeschlossen* wurde" zu modellieren.

**Hinweis:** Das Metamodell verzichtet ganz bewusst auf die Möglichkeit zur Definition von Ende-Anfang-Beziehungen, da diese meist zu unnötigen Einschränkungen führen. Damit erhält der Projektleiter stets die Möglichkeit für sog. *Fast Tracking*, also für die Verkürzung der Projektlaufzeit durch die Parallelisierung von logisch sequenziellen Schritten. Ist es dennoch notwendig, den vorgezogenen Beginn von Arbeiten im Vorgehensmodell zu verbieten, muss der Prozessingenieur dies textlich im Namen oder in der Beschreibung der Entscheidungspunkte vermerken, beispielsweise durch die Definition eines Entscheidungspunktes als *blockierend*.

Abbildung 2.5 zeigt als Beispiel einen im Vorgehensmodell definierten Ablauf und die (unendliche) Menge der dazu passenden Meilensteinpläne.

Um einen Meilensteinplan aus dem Ablauf abzuleiten, beginnt man bildlich gesprochen mit dem Finger auf dem *Startpunkt* und verschiebt den Finger entlang der *Übergänge* (Pfeile). Erreicht man einen *Ablaufentscheidungspunkt*, zeichnet man einen entsprechenden *Meilenstein* im Mei-

## 2.3. Konzeption

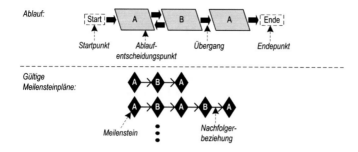

**Abb. 2.5.:** Abläufe und Meilensteinpläne (1)

lensteinplan ein. Handelt es sich nicht um den ersten Meilenstein, verbindet man den soeben gezeichneten Meilenstein mit dem zuletzt gezeichneten mit einer *Nachfolgerbeziehung*. Gehen von einem Ablaufentscheidungspunkt mehrere Übergänge ab, entscheidet man sich für genau einen. Das „Spiel" ist zu Ende, sobald man mit seinem Finger den *Endepunkt* erreicht hat.

Diese Regeln führen dazu, dass alle abgeleiteten Meilensteinpläne folgende Eigenschaften besitzen: (1) Sie beginnen und enden mit einem Meilenstein vom Typ *A*, sie enthalten (2) mindestens einen vom Typ *B*, und (3) Meilensteine der Typen *A* und *B* wechseln sich stets ab.

**Hinweis:** Es erscheint seltsam, Entscheidungspunkte nicht direkt zu verbinden, sondern das zusätzliche Konstrukt eines Ablaufentscheidungspunktes einzuführen. Letzterer ist ein Stellvertreter (Proxy) eines Entscheidungspunktes. Das Beispiel zeigt, dass diese Konstruktion notwendig ist, da dadurch das „linke A" vom „rechten A" unterschieden werden kann. Ohne die Unterscheidung wäre eine Modellierung der genannten Eigenschaften nicht möglich.

Um parallele Abläufe in Projekten zu erlauben, bietet das Metamodell Konstrukte zum Verzweigen und Zusammenführen von Ablaufpfaden an. Diese ähneln den Fork/Join-Knoten aus UML-Aktivitätsdiagrammen und werden im V-Modell mit *Split* bzw. *Join* bezeichnet.

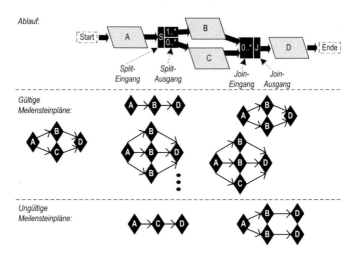

**Abb. 2.6.:** Abläufe und Meilensteinpläne (2)

Abbildung 2.6 zeigt ein Beispiel mit einem Split und einem Join sowie der Menge dazu passender Meilensteinpläne. Analog zum vorangegangenen Beispiel startet man mit einem Finger auf einem Startknoten. Erreicht der Finger einen *Split-Eingang*, darf/muss man mehrere Finger ins Spiel bringen. Diese werden auf den *Split-Ausgängen* platziert. Die Anzahl der platzierten Finger auf den Splitausgängen muss im angegebenen Intervall liegen. Joins bewirken das Gegenteil: Man erreicht mit mehreren Fingern den *Join-Eingang* und ersetzt die Finger durch einen, den man auf den *Join-Ausgang* setzt.

Es existiert außerdem die Regel, dass der Endepunkt mit

## 2.3. Konzeption 43

genau einem Finger erreicht werden muss. So wird ausgeschlossen, dass mehrere Projektenden existieren. Dadurch besitzt im Beispiel jeder gültige Meilensteinplan die folgenden Eigenschaften: (1) Er beginnt mit einem Meilenstein vom Typ $A$ und endet mit einem vom Typ $D$. (2) Er enthält mindestens einen Meilenstein vom Typ $B$ und beliebig viele vom Typ $C$. (3) Alle Meilensteine der Typen $B$ und $C$ stehen untereinander in keiner zeitlichen Abhängigkeit, können also unabhängig voneinander erreicht werden.

Dem Prozessingenieur stehen folgende Konstrukte zur Definition von Projektabläufen zur Verfügung:

- Startpunkt und Endepunkt
- Ablaufentscheidungspunkt
- Spliteingang/-ausgang
- Joineingang/-ausgang

Die „Kunst" besteht darin, aus diesen Konstrukten typische Projektabläufe zu definieren. Der Prozessingenieur weiß nicht, wie das Projekt konkret aussehen wird – muss also Freiheitsgrade und Alternativen bereitstellen. Zu viele davon machen die Abläufe unübersichtlich und vermindern die Standardisierung. Zu wenig Freiheiten erschweren die Anwendung im Projekt.

---

**Wie kommt man zu Abläufen?**

Um zu Abläufen zu kommen, empfiehlt sich das folgende Vorgehen: Der Prozessingenieur zeichnet zunächst prototypische und *gültige* Beispiel-Meilensteine, die er entweder aus realen Projekten übernimmt oder sich selbst überlegt. Auf dieser Basis definiert er einen abstrakten Ablauf und testet, ob alle Meilensteinpläne durch den Ablauf herleitbar sind. Ist dies der Fall, prüft er schließlich, ob evtl. Pläne ableitbar sind, die nicht in seinem Sinne sind. Dadurch eliminiert er eventuelle Schwachstellen in der Ablaufdefinition.

---

## 2.3.4. Tailoringstruktur

In der Regel benötigt ein Projekt immer nur einen Teil bzw. einen Ausschnitt aus den im Vorgehensmodell definierten Inhalten. Zur Unterstützung des Projektleiters muss daher auch definiert sein, unter welchen Umständen und Bedingungen welche Inhalte im Projekt relevant sind. Im V-Modell wird dies (projektspezifisches) *Tailoring* genannt. Das Tailoring funktioniert auf Basis von Modulen (Abschnitt 2.3.5): Produkte, Abhängigkeiten und Aktivitäten werden in *Vorgehensbausteinen* zusammengefasst, die Abläufe und Teilabläufe in *Ablaufbausteinen*. Wichtig ist an dieser Stelle, dass beim Tailoring immer nur komplette Module ausgewählt werden können.

**Tailoringvorgehen.** Für die Unterstützung des Projektleiters beim Tailoring definiert das V-Modell einen dreistufigen Prozess: Zunächst wählt der Projektleiter genau einen *Projekttyp*, danach genau eine *Projekttypvariante* (des zuvor gewählten Projekttyps) und schließlich belegt er eine Reihe von Projektmerkmalen mit Werten.

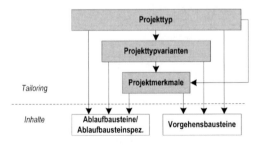

**Abb. 2.7.:** Abhängigkeiten der Tailoringkonstrukte

Wie Abb. 2.7 zeigt, ergeben sich die zu belegenden Projektmerkmale aus dem gewählten Projekttyp und der gewählten Projekttypvariante. Bei jedem dieser drei Schritte können Ablaufbausteine und Vorgehensbausteine dem Tailoringergebnis hinzugefügt werden. Am Ende des Tailorings stehen die für das Projekt relevanten Inhalte fest. Der Prozessingenieur muss nun „rückwärts" denken und ausgehend von den Inhalten den Tailoringablauf definieren. Dies ist eine wichtige Voraussetzung für die Definition der Modulstruktur (Abschnitt 2.3.5). Es empfiehlt sich, zunächst die Ergebnis- und Ablaufstruktur zu markieren und jeweils die Bedingungen für die Gültigkeit bzw. Notwendigkeit zu formulieren.

**Beispiel:** Der Prozessingenieur könnte im V-Modell das Produkt Altsystemanalyse mit „nur bei Weiterentwicklung" markieren.

**Bildungskriterien.** Auf Basis der Markierungen kann der Prozessingenieur Projekttypen, Projekttypvarianten und Projektmerkmale bilden. An folgenden Kriterien kann er sich dabei orientieren.

Für die Bildung von *Projekttypen* sind folgende Kriterien als Anhaltspunkte zu berücksichtigen:

**Festlegung zu Projektbeginn:** Der Projekttyp lässt sich bereits am Projektanfang bei der Projektgenehmigung bestimmen.

**Konstanz:** Der Projekttyp bleibt in der Regel über den gesamten Projektverlauf unverändert.

**Verhältnis:** Das Verhältnis zwischen einzelnen Projekten lässt sich anhand des Projekttyps bestimmen. Beispielsweise ist schon am Projekttyp ersichtlich, dass Auftraggeberprojekte mit Auftragnehmerprojekten zusammenarbeiten.

Für die Bildung von *Projekttypvarianten* sind folgende Kriterien als Anhaltspunkte zur berücksichtigen:

**Anfangszustand:** Eine Projekttypvariante bezieht sich auf einen vorausgesetzten Ausgangszustand. Die Projekttypvariante *Pflege und Wartung* setzt z. B. voraus, dass bereits ein System existiert, das nur verändert werden muss, wohingegen Entwicklungsvarianten davon ausgehen, dass Systembestandteile neu entwickelt werden.

**Gegenseitiger Ausschluss:** Die einzelnen Projekttypvarianten schließen sich i. d. R. gegenseitig aus. Ein Auftraggeber arbeitet z. B. *entweder* mit einem *oder* mit mehreren Auftragnehmern zusammen.

**Geringe Wechselwahrscheinlichkeit:** Ein Wechsel der Projekttypvariante während des Projekts ist grundsätzlich denkbar, aber eher selten. Im V-Modell ist ein Wechsel von der Entwicklungs- zur Wartungsvariante nur genau an dem Punkt sinnvoll – wenn das entwickelte System bereits im Projekt einen Wartungszyklus durchlaufen soll.

**Starker Zusammenhang:** Durch Projekttypvarianten wird ein starker Zusammenhang zwischen Ablauf- und Vorgehensbausteinen hergestellt. So ist z. B. der Vorgehensbaustein *Multi-Projektmanagement* ausschließlich zusammen mit der Projektdurchführungsstrategie für mehrere Auftragnehmer sinnvoll.

Für die Bildung von *Projektmerkmalen* sind folgende Kriterien als Anhaltspunkte zu berücksichtigen:

**Geringe Konstanz:** Die Belegungen von Projektmerkmalen weisen im Projekt oft geringe Konstanz auf. Geplante Integrationsprojekte können z. B. auf einmal doch Eigenentwicklungen erfordern.

## 2.3. Konzeption

**Späte Festlegung:** Manche Projektmerkmale lassen sich oft erst während des Projekts festlegen, z. B. ob Unterauftragnehmer einbezogen werden sollen.

**Globalität:** Projektmerkmale sind teilweise für mehrere Projekttypen sinnvoll, wie z. B. das Projektmerkmal *Projektkennzahlen*.

**Vorgehen.** Für die Zusammenstellung und Kontrolle des Tailorings bietet sich die Verwendung einer *Tailoringmatrix* (Abb. 2.8) an. Mithilfe einer solchen Matrix lassen sich alle identifizierten Projekttypen, Projekttypvarianten und Projektmerkmale sowie alle Elemente, die im Rahmen des Tailorings berücksichtigt werden müssen, zusammenfassen.

*Tailoringmatrix*

| | VB 1 | VB 2 | ... | VB N | AB 1 | AB 2 | ... | AB N | ABSpec 1 | ABSpec 2 | ... | ABSpec N | PM 1 | PM 2 | PM 3 |
|---|---|---|---|---|---|---|---|---|---|---|---|---|---|---|---|
| **Projekttyp 1** | X | | | | | | | | X | | | | X | | |
| Projekttypvariante 1 | | X | | | X | | | | X | | | | | | X |
| Projekttypvariante 2 | | | | | X | X | | | X | | | | | X | |
| | | | | | | | | | | | | | | | |
| **PM 1** | | | | | | | | | | | | | | | |
| Wert 1 | X | | | | X | | | | X | | | | | | |
| Wert 2 | | | | | | | | | | | | | | | |

**Abb. 2.8.:** Beispielhafter Aufbau einer Tailoringmatrix

Das Beispiel in Abb. 2.8 zeigt einen Projekttypen mit zwei Varianten und ein paar Module (siehe dazu nächster Abschnitt 2.3.5). Es ist z. B. zu sehen, dass der *VB2* durch den Projekttypen referenziert werden soll. Somit ist dieser Vorgehensbaustein für alle Varianten dieses Typs verpflichtend. Es ist zu sehen, welche Vorgehensbausteine oder Ablaufbausteine etc. von den einzelnen Projekttypvarianten angezogen werden. Ergänzend dazu ist auch zu sehen, welche Projektmerkmale auf der Typ- oder Variantenebene angezogen werden. Die Projektmerkmale selbst können dann ebenfalls wieder verschiedene Vorgehensbausteine etc. anziehen.

Mithilfe einer Tailoringmatrix lässt sich sehr schnell das resultierende Tailoring des angestrebten Vorgehensmodells erfassen und überprüfen, ob z. B. Vorgehensbausteine vergessen wurden.

### 2.3.5. Modulstruktur

Die wesentlichen Inhalte des V-Modells sind in Modulen organisiert. Diese dienen zur Strukturierung des Modells und sind gleichzeitig Basis für das Tailoring. Der Prozessingenieur muss dem Schnitt der Module deshalb große Aufmerksamkeit widmen. Das Metamodell kennt zwei Arten von Modulen: *Vorgehensbausteine* kapseln Produkte, Aktivitäten, Produktabhängigkeiten und die Beziehungen untereinander sowie zu Rollen und Entscheidungspunkten. Die *Ablaufbausteine* kapseln Abläufe und Teilabläufe.

**Hinweis:** Beim Schnitt der Module sollte der Prozessingenieur die Prinzipien *starker Zusammenhang* (innerhalb eines Moduls) und *lose Kopplung* (zwischen den einzelnen Modulen) befolgen, um die unvermeidlichen Abhängigkeiten zwischen den einzelnen Modulen möglichst überschaubar zu halten. Für den Modulschnitt sind außerdem die Tailoringbedingungen aus dem vorangehenden Kapitel zu beachten.

**Vorgehensbausteinschnitt.** Für den Entwurf und Schnitt von Vorgehensbausteinen eignen sich entweder Tabellen

## 2.3. Konzeption

oder – noch besser – Schaubilder. Folgende Kriterien unterstützen die Überlegungen zur Bildung von Vorgehensbausteinen:

**Zusammenhang:** Die Produkte eines Vorgehensbausteins besitzen starken inhaltlichen Zusammenhang.

**Anwendbarkeit und Tailoring:** Beim (statischen) Tailoring zu Projektbeginn sind i. d. R. alle Inhalte eines Vorgehensbausteins als Projektinhalte *denkbar*. Jedoch bedeutet das nicht, dass diese Inhalte auch in jedem Projekt auftreten müssen. Sind jedoch Projektsituationen denkbar, in denen schon zu Beginn ein Teil eines Vorgehensbausteins definitiv ausgeschlossen werden kann, ist dies ein Hinweis, diesen Baustein aufzuteilen.

**Verantwortung und Pflege:** Die Inhalte eines Vorgehensbausteins werden i. d. R. von ein und derselben Organisationseinheit verantwortet und gepflegt.

Der Aspekt *Anwendbarkeit und Tailoring* muss beim Vorgehensbausteinschnitt besonders beachtet werden: Soll z. B. ein Thema nur unter besonderen Bedingungen in einem Produkt vorkommen, folgt daraus unmittelbar, dass das Produkt, das Thema und die verbindende Themen-Produkt-Beziehung auf mindestens zwei Bausteine aufgeteilt werden müssen. Wären die drei Modellelemente alle im selben Baustein, wäre das Thema immer Bestandteil des Produkts.

**Hinweis:** Beachten Sie beim Schnitt der Vorgehensbausteine folgende Leitfrage: Welche Inhalte sollen während des Tailorings *explizit* auswählbar sein? Solche Inhalte müssen in eigenen Modulen untergebracht werden.

**Ablaufbausteinschnitt.** Der Entwurf von Ablaufbausteinen ist sehr aufwändig und sollte zur Erleichterung stets grafisch erfolgen. Abschnitt 2.3.3 hat bereits gezeigt, wie die *Inhalte* modelliert werden.

Der hier erklärte *Schnitt* von Ablaufbausteinen ist wichtig, da Ablaufbausteine im Tailoring auch eine wesentliche Rolle spielen. Generelle Kriterien, die beim Schnitt der Ablaufbausteine berücksichtigt werden sollten, sind:

**Eigenständigkeit:** Die Inhalte eines Ablaufbausteins bilden einen eigenständigen Teilprozess, der in sich abgeschlossen und logisch ist.

**Wiederverwendbarkeit:** Die Inhalte eines Ablaufbausteins sind in mehreren Projektsituationen anwendbar.

**Produktstruktur:** Die Entscheidungspunkte, die in einem Ablaufbaustein referenziert werden, beziehen sich auf den gleichen Teil der Produktstruktur. So können z. B. *Projekt definiert/abgeschlossen* oder *System entworfen/integriert* sehr gut in einem Ablaufbaustein verwendet werden.

Abbildung 2.9 zeigt (oben) einen Ablauf, wie er bereits in Abschnitt 2.3.3 erläutert wurde: Jeder Meilensteinplan, der diesem Ablauf genügt, beginnt mit einem Meilenstein *C* und endet mit einem Meilenstein *D*. Dazwischen werden die Meilensteine *A* und *B* erreicht, und zwar entweder *A* vor *B* oder *B* vor *A*.

Es kommt vor, dass der Prozessingenieur nur weiß, dass in der Mitte die Meilensteine *A* und *B* erreicht werden sollen. Vielleicht ist ihm aber noch nicht klar, wie der Ablauf an dieser Stelle genau sein soll. Der untere Teil von Abb. 2.9 stellt diese Situation dar: Nach dem Entscheidungspunkt *C* findet sich ein sog. *Ablaufbausteinpunkt* im Ablauf wieder. Dieser Ablaufbausteinpunkt verweist auf eine *Ablaufbausteinspezifikation* mit dem Namen *AundB*. Die Ablaufbausteinspezifikation sagt nur aus, dass hier

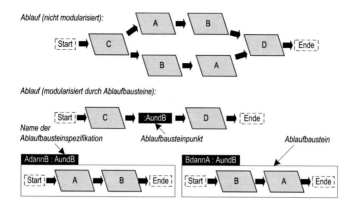

**Abb. 2.9.**: Ablaufbausteinstruktur (1)

die Entscheidungspunkte *A* und *B* erreicht werden, nicht aber, in welcher Reihenfolge. Die konkrete Reihenfolge wird durch die zwei Ablaufbausteine *AdannB* und *BdannA* festgelegt. Beide genügen der Ablaufbausteinspezifikation *AundB*: Sie stellen also auf unterschiedliche Art sicher, dass *A* und *B* erreicht werden.

Um aus einer solchen Darstellung einen Meilensteinplan abzuleiten, muss das „Fingerspiel" aus Abschnitt 2.3.3 wie folgt erweitert werden: Erreicht man einen Ablaufbausteinpunkt, darf man zum Startpunkt eines Ablaufbausteins springen, der der Ablaufbausteinspezifikation genügt. Gelangt man zum Ende dieses Ablaufbausteins, darf man zum Ablaufbausteinpunkt zurückspringen.

Das Springen zwischen Ablaufbausteinen an Ablaufbausteinpunkten lässt sich beliebig erweitern: Abbildung 2.10 zeigt den bekannten Ablauf, nur das Erreichen des Entscheidungspunkts *B* wurde in einen eigenen Ablaufbaustein ausgelagert. Befindet man sich nun am Ende des

52  2. Anpassungs- und Einführungsprozess

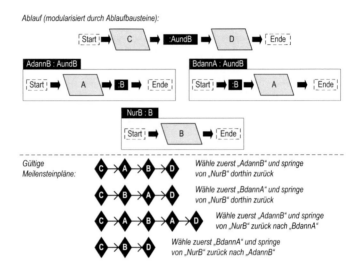

**Abb. 2.10.**: Ablaufbausteinstruktur (2)

Ablaufbausteins *NurB*, darf man bei der Planung selbst entscheiden, zu welchem Ablaufbausteinpunkt, der der ursprünglichen Ablaufbausteinspezifikation genügt, man zurückspringt – das muss nicht unbedingt derjenige sein, über den man den Ablaufbaustein betreten hat!

**Hinweis:** Beachten Sie, dass der Projektassistent nicht in der Lage ist, alle hier gezeigten Ablaufstrukturen zu planen. Die Einschränkung von Projektplänen auf lediglich ein Projektende und der Rücksprung in einen beliebigen Ablaufbausteinpunkt ist dort nicht möglich. Diesem Buch liegt die in [1] und [2] definierte Semantik der Ablaufstrukturen zugrunde. Der Projektassistent setzt aktuell nur eine Teilmenge der dort beschriebenen Möglichkeiten um.

Damit ergeben sich Abläufe, bei denen *A* doppelt bzw. überhaupt nicht vorkommt. Dass *A* überhaupt nicht vorkommt, widerspricht aber dem Ablauf auf oberster Ebene, denn dieser sagt aus: „*C, dann AundB, dann D*". Hier zeigt sich, dass die Modularisierung der Abläufe auch die Gefahr birgt, nicht beabsichtigte Abläufe zuzulassen – im Allgemeinen wird diese Flexibilität aber benötigt, um dem Projekt die notwendige Freiheit zu geben.

**Hinweis:** Das Referenzmodell enthält bereits eine Vielzahl von Ablaufbausteinen für Standardfälle. So können z. B. Projektstart und -ende oder aber die Unterauftragsvergabe einfach nachgenutzt werden, wenn entsprechende Abläufe auch im organisationsspezifischen Vorgehensmodell vorgesehen sind.

## 2.4. Realisierung

Nach der Konzeption kann die Realisierung erfolgen. Zu Beginn: Die Realisierung sollte stufenweise und in mehreren Iterationen (Abb. 2.11) erfolgen. Eine *top-down*-Strategie ist von Vorteil, da früh die grundlegenden Prozessstrukturen vorliegen und durch das Management bzw. die beteiligten Mitarbeiter bewertet werden können.

### 2.4.1. Stufenweises Vorgehen

Das generelle Vorgehen (unabhängig davon, ob ein Erweiterungsmodell erstellt werden oder ein Neuaufbau erfolgen soll) entspricht dem in Kapitel 3 beschriebenen Verfahren. Die einzelnen Schritte aus Abb. 2.11 werden im Folgenden beschrieben. Hierbei werden prinzipiell immer die gleichen Tätigkeiten durchgeführt. In den unterschiedlichen Stufen erfolgt eine immer weitergehende Verfeinerung der Inhalte.

Das Ziel der Realisierung ist es, in *jeder* Iteration ein exportfähiges Modell zu erhalten, damit frühzeitig Feed-

## 2. Anpassungs- und Einführungsprozess

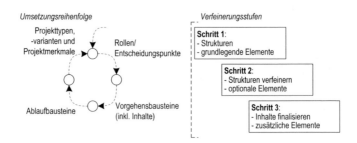

**Abb. 2.11.**: Empfohlenes Vorgehen zur Realisierung

backschleifen etabliert werden können. Die Iterationen können nach Bedarf beliebig oft durchlaufen werden.

**Schritt 1.** Im ersten Schritt sollten die Strukturen des Modells und die grundlegenden Elemente angelegt werden. Die folgende Umsetzungsreihenfolge[6] sollte gewählt werden:

1. Rollen und Entscheidungspunkte realisieren
2. Vorgehensbausteine realisieren
3. Ablaufbausteine realisieren
4. Tailoring konfigurieren

Die Realisierung von Rollen und Entscheidungspunkten sollte immer zuerst erfolgen. Auf diese Modellelemente beziehen sich insbesondere Produkte und die Inhalte der Ablaufbausteine. Damit werden sie von anderen Modellelementen referenziert, und es vereinfacht die Bearbeitung des Modells, wenn sie schon da sind.

---

[6] Je nachdem, welche Umsetzungsoption (Erweiterung, Neuaufbau etc.) gewählt wurde, können noch begleitende Arbeitsschritte, wie z. B. das Konfigurieren der Erweiterungs-/Referenzmodellkonfiguration erforderlich sein.

## 2.4. Realisierung 55

Bei der Realisierung der Vorgehensbausteine sollten in der ersten Stufe nur die groben Strukturen angelegt werden. Wichtig sind die Disziplinen und die Produkte (ohne Themen, Aktivitäten etc.). Diese sollten angelegt werden, müssen aber noch nicht mit Inhalten gefüllt werden. Jedoch sollten schon die Beziehungen zwischen Produkten und Entscheidungspunkten sowie die Verantwortlichkeiten für die Produkte etc. realisiert werden.

Ablaufbausteine benötigen eine Ablaufbausteinspezifikation. Diese Kombination sollte ebenfalls schon hier, jedoch noch ohne alle Details, angelegt werden.

Das Vorhandensein von Vorgehens- und Ablaufbausteinen ist notwendig, um die initiale Tailoringkonfiguration zu erstellen. Dabei sollten im ersten Schritt zunächst Projekttypen und Projekttypvarianten erstellt werden. Sind diese Elemente vorhanden, steht ein erster grober Prozessrahmen zur Verfügung.

**Schritt 2.** Die Strukturen werden verfeinert. Ebenfalls werden in diesem Schritt auch optionale Prozessanteile, die später durch Projektmerkmale realisiert werden sollen, berücksichtigt. Folgende Tätigkeiten bieten sich für diesen Schritt an:

1. Rollen und Entscheidungspunkte verfeinern
2. Vorgehensbausteine verfeinern
3. Ablaufbausteine verfeinern
4. Projektmerkmale definieren
5. Prozessdokumentation realisieren

Die Verfeinerung der Vorgehens- und Ablaufbausteine umfasst die Umsetzung der feineren Strukturen, z. B. Themen und Unterthemen, Kopiervorlagen oder bei Ablaufbausteinen die Umsetzung von feinen Ablaufstrukturen oder die Definition von Ablaufbausteinpunkten für optionale Unterabläufe (Kapitel 3.1.5). Projektmerkmale kennzeichnen Teilprozesse. Sie können hier ebenfalls realisiert werden, womit das Tailoring präziser wird. Mit der Dokumentation sollte ebenfalls begonnen werden – ggf. ist die Anpassung der Vorlagen für die Generierung nötig.

**Schritt 3.** Der dritte Schritt umfasst die *inhaltliche* Ausgestaltung der Modellinhalte. Hier sind neben dem Erstellen der Texte zu Produkten, Aktivitäten oder der Prozessdokumentation noch folgende Arbeiten zu tätigen:

1. Methodenreferenzen erstellen
2. Werkzeugreferenzen erstellen
3. Konventionsabbildungen erstellen
4. Mustertexte erstellen

Auch Glossare, Abkürzungs- und Literaturverzeichnisse fallen in diesen Bereich. Weiterhin sind hier auch gestalterische Aufgaben durchzuführen. Diese umfassen:

- Anpassung des Layouts der Prozessdokumentation
- Anpassung der Produktvorlagen
- Korrektur der generierten Abbildungen für Projektdurchführungsstrategien

**Zusammenfassung.** Das hier beschriebene Verfahren für die Realisierung des Konzepts verfolgt die Strategie „vom Groben zum Feinen". *Schritt 1* ist, unter Annahme, dass die Voraussetzungen z. B. hinsichtlich der Ordnerstruktur (Kapitel 3) erfüllt sind, obligatorisch und stellt den groben Rahmen bereit. Die inhaltlichen Arbeiten am Modell sind im *Schritt 2* enthalten während in *Schritt 3* das Modell vervollständigt wird. Insbesondere die letzten beiden Schritte können verschränkt ablaufen, wenn mehrere Prozessingenieure an der Realisierung arbeiten.

### 2.4.2. Generelles und Hinweise

Das im letzten Abschnitt vorgeschlagene Verfahren ist insbesondere für die kontinuierliche Fortschrittsmeldung gegenüber dem Management geeignet. Die Realisierungsschritte können teilweise verschränkt ablaufen. Generell gilt es jedoch einige *Best Practices* zu berücksichtigen:

**Richtung der Referenzen.** Alle Modellelemente sind zu einem hohen Grad untereinander durch Referenzen verknüpft. Bei der Umsetzung der Konzeption sollten immer zuerst die Elemente angelegt werden, die hauptsächlich Ziele für die Referenzierung sind. Beispiele hierfür sind Rollen oder Entscheidungspunkte (siehe Schritt 1).

**Konsistenzprüfung.** Zuerst sollten die Strukturen angelegt werden. Der V-Modell-Editor kann diese auf Konsistenz in Bezug auf das Metamodell prüfen. Parallel dazu prüft der Editor auch, ob Knoten, die im Text via HTML referenziert werden, existieren. Daher sollte zuerst eine *konsistente* Struktur erstellt werden.

**Container.** Es gibt Modellelemente, die als Container für weitere Modellelemente fungieren, z. B. Vorgehensbausteine. Diese Elemente müssen zuerst angelegt werden.

**Projektdurchführungsstrategien.** Eine PDS setzt sich aus Ablaufbausteinen zusammen. Die Erstellung und Zusam-

## 2. Anpassungs- und Einführungsprozess

menführung im Tailoring ist komplex. Daher sollten die Ablaufbausteine mit dem Export des Teils 3 (Standardstruktur) geprüft werden. Ein initiales Layout der PDS-Bilder hilft dabei zu erfassen, ob alle Übergänge und Entscheidungspunkte korrekt modelliert wurden.

**Hinweis:** Der Export des V-Modells ist eine scharfe Prüfung. Ist im Modell ein fehlerhafter Ablauf modelliert, wird der Export verweigert.

**Typ oder Variante.** Bei der Erweiterung des V-Modells wird sich die Frage stellen, ob ein neuer Projekttyp angelegt werden soll oder nur eine neue Variante. Bei der Entscheidung für eine Projekttypvariante ist zu beachten, dass diese wegen des zugrundeliegenden Projekttyps bestimmte Ablaufbausteinspezifikationen erfüllen muss. Eigene Ablaufbausteine müssen dies berücksichtigen.

### 2.5. Einführung

Bereits während der Konzeption muss festgelegt werden, wie die Einführung des angepassten Vorgehensmodells erfolgen soll. Dazu gehören im Wesentlichen die folgenden Punkte:

- Festlegung einer Einführungsstrategie
- Konzeption von Schulungen für die Mitarbeiter
- Planung und Organisation von Pilotprojekten zur Erprobung des angepassten Vorgehens

Generell gilt, dass die Einführung möglichst früh, im Idealfall bereits während der Anpassung des V-Modells starten sollte. Damit wird frühzeitig sichergestellt, dass alle Beteiligten über den Anpassungsprozess informiert und ggf. sogar mit einbezogen werden.

**Hinweis:** Das Einbeziehen aller Beteiligten heißt jedoch nicht, dass alle Mitarbeiter der Organisation an der Entwicklung mitwirken sollen. Vielmehr ist es sinnvoll, das Anpasserteam klein zu halten. Erforderlich jedoch ist die kontinuierliche und offene Kommunikation. Zentrale Personen sollten mit eingebunden werden, wenn es um Erprobungen geht. Sie sollten ebenfalls die Möglichkeit haben, Reviews durchzuführen und Verbesserungsvorschläge zu machen.

### 2.5.1. Einführungsstrategien

Ein Vorgehensmodell kann auf verschiedene Arten eingeführt werden. Mögliche Strategien sind:

- Big Bang Strategie
- Stufenweise Einführung
- Einführung über Pilotprojekte

Die Strategie zur Einführung korreliert i. d. R. mit der gewählten Anpassungsstrategie, weshalb sie schon während der Konzeption ausgewählt werden muss. Jede Strategie birgt verschiedene Risiken, aber auch entsprechende Chancen.

**Big Bang Strategie.** Bei einer Big Bang Strategie wird das neue Vorgehensmodell auf einen Schlag eingeführt. Eine solche Vorgehensweise bietet den Vorteil, dass ab einem bestimmten Zeitpunkt alle Projekte nach dem gleichen Schema laufen und Erfahrungen besser ausgetauscht werden können. Kritisch sind insbesondere der Zeitpunkt der Einführung und das Festlegen von Übergangsfristen. Letztere sind erforderlich, um auch noch laufende Projekte abschließen zu können. Laufende Projekte sollten i. d. R. nicht auf ein neues Vorgehensmodell umgestellt werden, da Aufwand und Risiken in keinem Verhältnis zum Nutzen stehen. Ist dennoch eine Umstellung erforderlich, z. B. weil der Kunde es fordert, sollte dies nur zu einem sorgfältig ausgewählten Zeitpunkt erfolgen. Ferner ist hierzu eine Migrationsstrategie zu entwickeln, in der detailliert festgelegt wird, welche Projektteile (auch rückwirkend) migriert werden.

Von allen Strategien birgt die Big Bang Strategie das größte Risiko in sich. Dieses Vorgehen kann schnell zu einer Überforderung der Anwender führen, die sich in dem neuen Vorgehen noch nicht wieder finden. Dies kann im schlimmsten Fall zur umfassenden Ablehnung führen.

**Hinweis:** Die Big Bang Strategie bietet sich an, wenn – **nach** einer Erprobung, z. B. mit Pilotprojekten – das angepasste Vorgehensmodell in der Breite eingeführt werden soll. Dann ist für alle in der Organisation klar, dass ab einem bestimmten Stichdatum die neuen Regelungen gelten.

**Stufenweise Einführung.** Bei einer stufenweisen Einführung wird das V-Modell spezifisch für einzelne Teilprozesse eingeführt. Dies kann z. B. in einer ersten Stufe den Basisentwicklungsprozess betreffen, in weiteren Stufen wird dieser Prozess Stück für Stück ergänzt.

**Beispiel:** Für jede Stufe muss entschieden werden, welche V-Modell-Inhalte (Vorgehensbausteine, Projekttypen), im Rahmen der Stufe angepasst werden. In einer Stufe 1 kann z. B. der generelle Managementrahmen betrachtet werden, während in einer Stufe 2 die SW-Entwicklung bearbeitet wird.

**Einführung über Pilotprojekte.** Bei einer Einführung über Pilotprojekte wird mindestens ein Pilotprojekt beispielhaft nach V-Modell durchgeführt und so geprüft, wie V-Modell und Projekt passen. Die Änderungen werden anschließend dokumentiert. Eine Einführung über Pilotprojekte ist wohl der sanfteste Ansatz zur Einführung eines

Vorgehensmodells, birgt jedoch ein großes Risiko. Findet vor und während der Durchführung des Pilotprojekts keine explizite Anpassung statt, kann das Vorgehensmodell den Projektfortschritt behindern, was schnell zu Frustration und Ablehnung bei den Anwendern führen kann.

**Hinweis:** Bei der Einführung über Pilotprojekte, ist ein geeignetes Projekt zu identifizieren und das Vorgehen zur Anpassung festzulegen. Dazu werden z. B. im Vorfeld der Projektdurchführung die entsprechenden Konzepte im V-Modell angepasst. Die Ergebnisse des Projekts werden am Ende dokumentiert.

### 2.5.2. Schulungen

Die (frühzeitige) Schulung der Mitarbeiter ist essenziell. Hierbei müssen die Schulungen die Anpassungen sowohl des V-Modells als auch der Werkzeuge, sofern sich diese auch ändern, umfassen. Die Schulungen sollten rollen- und aufgabenspezifisch sein.

**Wen schulen?** Bei der Einführung eines organisationsspezifischen V-Modells werden bereits etablierte Prozesse aktualisiert, variiert und ggf. neue Prozesse eingeführt. Somit sind zunächst die Mitarbeiter zu schulen. Einmal, damit sie die neuen Abläufe kennenlernen und weiterhin, damit sie die Anwendung lernen. Dies betrifft die Entwickler, die Architekten und die Verantwortlichen für die Qualitätssicherung.

Sofern auch Prozesse angepasst wurden, die quer zum Projektgeschäft liegen oder diese begleiten, z. B. die Akquise, sind auch die dort involvierten Personen entsprechend zu schulen, um z. B. neue Angebote zu erstellen. Zu diesem Personenkreis zählt auch der IT-Betrieb, der einerseits die entwickelten Systeme betreiben, gleichzeitig aber auch eine Umgebung für die Wartung und Pflege des organisationsspezifischen V-Modells bereitstellen muss.

In jedem Fall sind die Personen zu schulen, die das neue Vorgehensmodell umsetzen, also die *Projektleiter*. Auch das Management der einführenden Organisation ist über das neue Vorgehensmodell zu informieren.

**Was schulen?** Es gibt bereits verschiedene Schulungsprogramme, z. B. im Rahmen des Zertifizierungssystems (Abschnitt 2.7) oder verschiedene Programme der BAköV.[7] Diese Programme vermitteln üblicherweise Grundlagen und rollenspezifische, aufbauende Inhalte.

Im Rahmen einer organisationsspezifischen Anpassung sind jedoch spezifische Inhalte Gegenstand der Schulungen. Im Rahmen der Anpassung ist daher bereits ein passendes Schulungskonzept (siehe *Verbesserungskonzept für ein Vorgehensmodell*, Abschnitt 2.1) zu definieren. Mindestens zu schulen sind jedoch in jedem Fall:

- Grundlagen und Konzepte
- Technik und Werkzeuge
- Prozesse im Kontext des neuen Vorgehensmodells
- Einbettung in die Organisation

Umfang, Ausgestaltung und Tiefe der Schulungsinhalte richten sich nach der Zielgruppe. Während z. B. die Entwickler einen detaillierten Einblick in die Anwendung und die entsprechenden Werkzeuge bekommen müssen, ist es für Projektleiter wichtig, die Konzepte und Prozesse sowie die Einbettung des Vorgehensmodells in die Organisationsstrukturen zu verstehen.

---

[7] Bundesakademie für öffentliche Verwaltung

## Top-Management und Schulungen

Bei der Einführung **muss** auch das Top-Management eingebunden werden. Dabei ist es nicht zielführend, Werkzeuge und Mikroprozesse zu schulen. Wichtig ist jedoch, kompakt (z. B. im Umfang eines halben Tages) die Einbettung, Konsequenzen und Vorteile des neues Vorgehensmodells zu kommunizieren. Dies ist wichtig, um das neue Vorgehensmodell sichtbar zu machen.

### 2.5.3. Pilotierungen

Unabhängig von der Einführungsstrategie sollten die Anpassungen evaluiert werden, z. B. durch Pilotprojekte. Es ist hier notwendig, Projekte zu identifizieren, die für eine Pilotierung geeignet sind. Insbesondere sollten Pilotprojekte keine kritischen Projekte sein.

**Hinweis:** Beachten Sie: Die Projekte, die als Pilotprojekte ausgewählt werden, „leiden" üblicherweise unter den Bedingungen der Pilotierung. Symptome, die sich zeigen, sind Einbrüche in der Projektperformanz, Mehraufwände und erhöhter Kommunikationsbedarf. Dies ist für Pilotprojekte jedoch üblich.

Parallel zu den Pilotprojekten muss auch eine Metrik entwickelt werden, um die Verbesserungen zu überprüfen. Hier muss sich zeigen, dass die Anpassungen die gewünschten Effekte haben. Die Auswahl entsprechender Messgrößen sollte sich dabei an historischen Daten orientieren, die als Vergleichsgröße dienen. Die Auswahl solcher Metriken richtet sich i. d. R. nach dem Ziel der Anpassung. Sollen z. B. die existierenden Prozesse optimiert werden, bieten sich Messgrößen wie Durchlaufzeiten, Anzahl von Change Requests, Anzahl frühzeitig identifizierter Fehler, Anzahl benötigter Qualitätsprüfungen etc. an.

**Hinweis:** Wichtig ist, dass die Messungen zielorientiert sein sollten. Einfach alles zu messen, was messbar ist, erzeugt Aufwände und Frust und liefert nur bedingt verwertbare Auskunft über den Erfolg.

## 2.6. Wartung und Pflege

Ebenfalls bereits während der Konzeption berücksichtigt werden muss der Aspekt der Wartung und Pflege des angepassten V-Modells. Nachdem das Anpassungsprojekt abgeschlossen wurde, ist eine kontinuierliche Pflege des Prozesses erforderlich, um sich ändernden Rahmenbedingungen anzupassen. Für die Etablierung eines solchen Prozesses ist es mindestens erforderlich:

- einen Prozessverantwortlichen zu benennen,
- eine Feedbackschleife zu definieren sowie
- ein Problem- und Änderungsmanagement aufzusetzen, zu dem auch die Anwender Zugang haben.

Der Prozessverantwortliche ist im Rahmen der Koordination der Pflege des Vorgehensmodells dafür zuständig, Problemmeldungen oder Änderungsanforderungen an den Prozess zu klassifizieren und zu priorisieren. Er muss weiterhin Zugang zu Messdaten haben, die aufzeigen, ob und wie der Prozess gelebt wird. Daten müssen aus den Projekten wieder zum Prozessverantwortlichen zurückgelangen, damit dieser frühzeitig Änderungsbedarf identifizieren kann. Über die reinen Messungen hinaus müssen insbesondere die Projektleiter, aber auch die Mitarbeiter die Möglichkeit haben, akute Missstände in ihren Projekten, die aus dem Vorgehensmodell resultieren, anzeigen zu können. Ein definiertes Problem- und Änderungsmanagement ist hierfür eine gute Basis.

## 2.7. V-Modell-Konformität

Die Konformität dient dem Nachweis, dass eine Anpassung des V-Modells oder ein bereits etablierter Prozess den Anforderungen des Standards genügen. Die Konformität ist immer dann erforderlich, wenn z. B. durch einen öffentlichen Auftraggeber die Verwendung des V-Modells gefordert wird. Der Nachweis der Konformität ist durch ein *Konformitätsprogramm* geregelt, das im Rahmen des Zertifizierungssystems (siehe auch Tabelle 2.2) definiert ist. Im Rahmen eines Angebots kann somit über ein Zertifikat die Eignung des verwendeten Prozesses in Bezug auf das V-Modell nachgewiesen werden. Die Erteilung eines Zertifikats kann stufenweise erfolgen.

Das Zertifikat *Pur* weist eine V-Modell-konforme Projektdurchführung nach. Eine Prüfung erfolgt durch Audits konkreter Projekte. Sofern es sich bei dem eingesetzten Vorgehensmodell nicht um ein V-Modell-Derivat handelt, geht dem Audit eine Konformitätsprüfung des zugrunde liegenden Vorgehensmodells voraus.

Das Zertifikat *Konf* weist ein zum V-Modell konformes Vorgehensmodell nach. Um den Nachweis zu erhalten, wird die Prozessdokumentation geprüft. Das Zertifikat kann auch an Organisationen vergeben werden, die kein V-Modell-Derivat einsetzen.

**Konstruktive Konformität.** Eine konstruktive Konformität liegt dann vor, wenn ein Vorgehensmodell auf Basis des Referenzmodells mit den Mitteln des V-Modells erstellt wurde, das heißt, wenn ein organisationsspezifisches Vorgehensmodell auf der Basis des Referenzmodells mit den V-Modell-Werkzeugen realisiert wurde.

## 2. Anpassungs- und Einführungsprozess

**Hinweis:** Nehmen Sie eine Anpassung des V-Modells nur mithilfe der Techniken vor, die in diesem Buch beschrieben werden, erfüllen Sie die Anforderungen der konstruktiven Konformität per Definition.

Die konstruktive Konformität erfasst aber explizit nicht den Anwendungsfall des Neuaufbaus (Abschnitt 2.3.1) eines Vorgehensmodells auf Basis des V-Modell-Metamodells. Das Konformitätsprogramm bezeichnet solche Prozesse als *nicht konstruktiv abgeleitete Prozesse* und fordert, sie einer analytischen Prüfung zu unterziehen.

**Hinweis:** Das Konformitätsprogramm stützt sich bei der konstruktiven Konformität auf Annahmen hinsichtlich der Struktur des Prozesses, die durch die Änderungsoperationen bestimmt werden. Beachten Sie jedoch, dass es auch Änderungsoperationen gibt, die inhaltliche Änderungen erlauben. Insbesondere auch das Ersetzen von Text. So ist es z. B. möglich, Text der Prozessdokumentation durch neue Texte wie „hier nicht relevant" oder „brauchen wir nicht" zu ersetzen. In solchen Fällen greift die konstruktive Konformität nicht. Die Textersetzung ist dann auch analytisch zu prüfen.

**Analytische Konformität.** Bei der analytischen Konformität werden *beliebige* Prozesse auf Erfüllung der folgenden Eigenschaften überprüft:

- Inhalte der Prozessbeschreibungen
- Beziehungen zwischen den enthaltenen Elementen
- Abdeckung der Inhalte in Bezug auf das V-Modell-Referenzmodell

Ein Fragenkatalog, der aus einem *allgemeinen* (Inhalte der Prozessbeschreibung) und einem *generischen* Anteil (Abdeckung der Inhalte) besteht, dient der konkreten Prüfung und Ermittlung der Konformität. Da das V-Modell in weiten Teilen anpassbar ist und verschiedene Anwendungsbereiche unterstützt, ist auch der Fragenkatalog anpassbar.

## 2.7. V-Modell-Konformität 67

Die erforderliche Einschränkung wird durch das *Scoping* hergestellt. Dabei wird der Anteil des Referenzmodells, auf den sich die Prüfung bezieht, eingeschränkt. So ist es z. B. möglich, die Konformität nur für den Projekttyp „Systementwicklungsprojekt (AN)" zu bewerten. Die verbleibenden Anteile des V-Modells werden dann bei der Prüfung nicht berücksichtigt. Somit ist aber auch das erteilte Zertifikat nur für den untersuchten Teil des V-Modells gültig.

---

**Theorie und Praxis**

Die analytische Prüfung ist ein reiner Theorietest, der ausschließlich auf der Grundlage der zur Verfügung gestellten Prozessdokumentation durchgeführt wird. Sollen hingegen Projekte daraufhin untersucht werden, ob sie konform zum V-Modell *durchgeführt* werden, muss ein Assessment erfolgen. Unterschieden werden muss hierbei noch zwischen einem Assessment, das quasi als Ergänzung zur analytischen Konformität zu sehen ist, und einem *Audit*. Audits sind ausschließlich auf konkrete Projekte beschränkt.

---

Ist das optionale Scoping erfolgt, wird der Prüfungsprozess ausgeführt. Dieser setzt sich im Wesentlichen aus folgenden Schritten zusammen:

- Planung
- Beantwortung des Fragenkatalogs
- Bewertung
- Berichtswesen und ggf. Zertifikatserteilung

Während der Beantwortung des Fragenkatalogs, insbesondere für den generischen Teil, ist ein *Mapping* zu erstellen. Dieses bildet die Inhalte des zu prüfenden Prozesses auf die relevanten Inhalte des V-Modells ab. Neben einer Übersetzungstabelle zwischen der etablierten Terminologie und der des V-Modells entstehen gleichzeitig eine Zuordnung von geforderten Ergebnistypen des V-Modells und denen, die die zu prüfende Organisation erstellt, sowie eine Maßzahl für die Abdeckung. Letzte erlaubt eine Aussage, zu wie viel Prozent die Anforderungen des V-Modells erfüllt werden.

**Zertifizierung.** Die Konformität ist in ein umfangreiches Zertifizierungsprogramm eingebunden. Dieses bescheinigt sowohl Personen als auch Organisationen, dass sie Qualifikationen bezüglich des V-Modells haben. Für die Konformität sind im Wesentlichen die in Tabelle 2.2 aufgeführten Zertifikatstypen relevant.

| Zertifikat | Berechtigt/Aufgaben |
|---|---|
| Ping | – Schulung für Erhalt des Zertifikats Pro |
|  | – Anpassung des V-Modells |
|  | – Bewertung der Konformität |
| Asor | – Schulung für Erhalt des Zertifikats Ping |
|  | – Schulung für Erhalt des Zertifikats Asor |
|  | – Bewertung von Projekten |
| Konf | Nachweis eines konformen Vorgehensmodells |
| Pur | Nachweis der konformen Projektdurchführung |

**Tabelle 2.2.:** Zertifikate für die V-Modell-Konformität

Die Personenzertifikate für *Prozessingenieure* (Ping) und *Assessoren* (Asor) bauen aufeinander auf. So wie das Ping-Zertifikat die Pro-Qualifizierung enthält, benötigen Assessoren auch die Ausbildung für das Ping-Zertifikat. Die Erteilung der Zertifikate wird zentral über den *Weit e.V.* gesteuert. Dieser Verein ist die zentrale Anlaufstelle für Ausbildung, Zertifizierung und Verwaltung der Zertifizierung.

## 2.7. V-Modell-Konformität

**Hinweis:** Dieses Buch ist als Hilfestellung für Prozessingenieure gedacht. Es deckt weite Teile der Ausbildung ab und geht stellenweise auch über diese hinaus.

Halten Sie sich an die Regeln, die wir hier aufgelistet haben, werden Ihre angepassten Vorgehensmodelle weitgehend den Anforderungen gerecht, die das Zertifikat *Konf* stellt.

## 3. V-Modell XT Anpassung

Im Verlauf dieses Kapitels wird das Vorgehen bei der Anpassung des V-Modells vorgestellt. Die durchzuführenden Aufgaben werden in eine geeignete Abfolge gebracht, beschrieben und mit Beispielen erklärt. Weiterhin werden in diesem Kapitel Themen aufgeführt, die für den gesamten Anpassungs- und Einführungsprozess wichtig sind. Die Inhalte dieses Kapitels sind eine detaillierte und für das Standard V-Modell spezialisierte Ausgestaltung einzelner Prozessschritte des Projekttyps *Einführung und Pflege eines organisationsspezifischen Vorgehensmodells*.

Am Ende dieses Kapitels liegt ein empfohlener Anpassungsprozess für das V-Modell vor. Die Aufgaben, die in einer Anpassung durchzuführen sind, werden checklistenartig beschrieben.

### Überblick

Bei der Anpassung des V-Modells sind verschiedene Tätigkeiten durchzuführen, die zum Teil verschiedene Abhängigkeiten, Vor- oder Nachbedingungen haben. Durch das V-Modell-Metamodell [6] werden dem Prozessingenieur nicht nur strukturelle Vorgaben, sondern auch methodische Vorgaben gemacht. So ist es prinzipiell möglich, Änderungen und Anpassungen in beliebiger Reihenfolge zu machen. Allerdings verkompliziert sich damit die Arbeit. Die Modellierung vieler Elemente des V-Modells sollte in einer bestimmten Reihenfolge vorgenommen werden, um die Anpassung effizient durchzuführen. Insbesondere die inhaltliche Ausgestaltung des organisationsspezifischen V-Modells ist solchen Abhängigkeiten stärker unterworfen als die Technik. Die wesentlichen Anwendungsfälle der Anpassung sind in Tabelle 3.1 aufgelistet.

| Anwendungsfall | Beschreibung |
| --- | --- |
| Modell anlegen und bearbeiten | Kapitel 3.1 beschreibt, wie die wesentlichen inhaltlichen Elemente des V-Modells modelliert werden. |
| Erweiterungsmodelle anlegen und bearbeiten | Im Erweiterungsmodell (Kapitel 3.2) werden alle Inhalte hinterlegt, die spezifisch für die anpassende Organisation sind. Dazu gehören auch das Vortailoring und Änderungsoperationen, die einen Einfluss auf Inhalte des Referenzmodells ausüben, ohne dass dieses direkt verändert wird. |
| Referenzmodell verändern | Auch das Referenzmodell (Kapitel 3.3) kann angepasst werden. Dies kommt dann in Frage, wenn die Nutzung eines Erweiterungsmodells nicht erwünscht ist. Damit geht allerdings auch die Möglichkeit der konstruktiven Konformität verloren (siehe Kapitel 2.7). |
| Mustertexte | Mustertexte (Kapitel 3.4) sind eine einfache Möglichkeit, die Inhalte der Produktvorlagen auszugestalten. |

**Tabelle 3.1.:** Standardaufgaben bei der Anpassung des V-Modells

Neben den inhaltlichen Anpassungen des eigentlichen V-

Modells, sind noch weitere, eher technikgetriebene Themen relevant. Diesen widmet sich Kapitel 4. Darüber hinaus gibt es noch die Themen aus Tabelle 3.2, die in diesem Buch nicht im Vordergrund stehen, jedoch kurz angesprochen werden sollen.

| Thema | Beschreibung |
|---|---|
| Metamodell anpassen | Obwohl das Metamodell des V-Modells für alle regulären Anwendungsfälle ausreichend mächtig ist, können Erweiterungen gewünscht werden. |
| Migration | Mit der Version 1.3 haben sich insbesondere für Anpasser viele Aspekte des V-Modells grundlegend geändert. Sind bereits mit füheren Versionen Anpassungen erstellt worden, so sind diese auf die neuen Strukturen zu überführen. |

**Tabelle 3.2.:** Technische Themen der Anpassung des V-Modells

## 3.1. Modellbearbeitung

Die hier beschriebenen Schritte betreffen die Umsetzung der Konzeption, wie sie in Kapitel 2 beschrieben wurde. Das Anwendungswissen darüber ist auch für die Kapitel 3.2 und 3.3 relevant.

### 3.1.1. Ein Modell neu anlegen

In den wenigsten Fällen wird ein Vorgehensmodell vollständig neu angelegt werden. Üblicherweise übernimmt man die XML-Datei eines vorhandenen V-Modells und nimmt daran Veränderungen vor (siehe Kapitel 3.3). Sollte dennoch ein Modell neu angelegt werden, kann dies mit dem V-Modell XT Editor erfolgen. Dazu müssen als Vorbedingung in dem Ordner, in dem das Modell gespeichert werden soll, alle XML-Schema-Dateien (*xml.xsd* und *V-Modell-XT-Metamodell.xsd*) vorliegen. Dann kann ein neues Modell mit folgenden Schritten angelegt werden:

**Schritt 1:** Im Editor ist die Option *Neues Dokument zu einem Schema erstellen...* zu wählen.

**Schritt 2:** Im Dateibrowser ist die Datei *V-Modell-XT-Metamodell.xsd* im vorbereiteten Ordner auszuwählen, die dem Modell zugrunde liegen soll.

Der Editor zeigt daraufhin einen leeren XML-Baum an, in dem nur ein Knoten *V-Modell* verfügbar ist. Über das Kontextmenü dieses Knotens muss mittels Rechtsklick und Auswahl der Option *V-Modellvariante als Kindknoten hinzufügen* eine neue V-Modell-Variante erzeugt werden. Der Editor legt daraufhin die notwendige XML-Struktur an, in die alle Elemente des Vorgehensmodells eingefügt werden können.

### 3.1.2. Rollen erstellen

In der Konzeption (Kapitel 2.3) sollten bereits für alle Produkte die Verantwortlichkeiten festgelegt worden sein.

**Hinweis:** Sie sollten immer zuerst alle neuen Rollen und auch alle neuen Entscheidungspunkte (siehe Abschnitt 3.1.3) anlegen, da diese Modellelemente von den Modellelementen der Vorgehensbausteine referenziert werden. Dies ist nicht zwingend, da Sie diese auch auf Bedarf anlegen können, vereinfacht Ihnen jedoch die Arbeit.

Um eine neue Rolle anzulegen, ist unter dem Knoten *Rollen* in der Modellstruktur ein neues Element *Rolle* zu erzeugen und mit den entsprechenden Werten (Name, Beschreibung etc.) zu belegen.

### 3.1.3. Entscheidungspunkte erstellen

In der Konzeption (Kapitel 2.3) sollten auch alle Entscheidungspunkte für das organisationsspezifische Vorgehensmodell identifiziert worden sein.

Um einen neuen Entscheidungspunkt anzulegen, ist unter dem Knoten *Entscheidungspunkte* in der Modellstruktur ein neues Element *Entscheidungspunkt* zu erzeugen und mit den entsprechenden Werten (Name, Beschreibung etc.) zu belegen.

### 3.1.4. Vorgehensbausteine erstellen

Beim Anlegen eines Vorgehensbausteins im Editor wird bereits seine grundlegende Struktur automatisch erzeugt (Abb. 3.1). Im Vorgehensbaustein fließen viele Elemente der Konzeption (Kapitel 2.3) zusammen. Hier werden die Produkte, die Aktivitäten und alle untergeordneten Elemente ebenso angelegt wie die Beziehungen dieser Elemente untereinander.

**Hinweis:** Vorgehensbausteine enthalten – wie alle anderen V-Modell-Modellelemente auch – Attribute, die unabhängig von den Inhalten mit Werten zu belegen sind (vgl. hierzu [6]). Identifikatoren werden dabei vom Editor automatisch vergeben. Nummern, die die Reihenfolge der Elemente in der Prozessdokumentation definieren, sowie andere Felder, müssen Sie selbst vergeben. Nutzen Sie hierzu die im Editor enthaltenen Konsistenzprüfungen, um noch fehlende Werte zu ermitteln und zu belegen.

# 3. V-Modell XT Anpassung

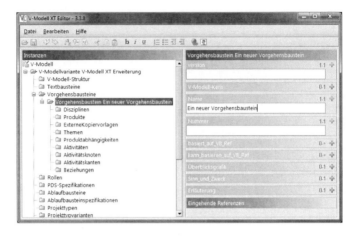

**Abb. 3.1.:** Struktur eines Vorgehensbausteins

Die durch den Editor erzeugte Struktur ist gemäß der Konzeption zu füllen. Folgende Modellelemente müssen dazu angelegt werden:

- Disziplinen
- Produkte (inkl. Themen, Produktabhängigkeiten)
- Aktivitäten (inkl. Aktivitätsknoten und -kanten)
- Beziehungen

**Vorgehensbausteine konfigurieren**

Ein Vorgehensbaustein verfügt über Eigenschaften, durch die er im Gesamtmodell eingebettet ist. Um einen Vorgehensbaustein zu erstellen, muss unter dem Knoten *Vorgehensbausteine* im Modell ein neuer Vorgehensbaustein als Kindknoten angelegt werden. Dann sind Name, Nummer sowie der Sinn und Zweck mit Werten zu belegen.

**Vorgehensbausteinbilder.** Anders als in früheren Versionen des V-Modells muss eine Überblicksgrafik nicht mehr manuell erstellt werden. Diese wird nun automatisch generiert (vgl. Kapitel 4.4.3). Abbildung 3.2 zeigt ein Beispiel für eine solche Grafik.

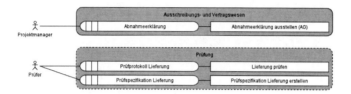

**Abb. 3.2.:** Generiertes Vorgehensbausteinbild

Um die Abbildung im Beschreibungstext referenzieren zu können, wird die *id* des Vorgehensbausteins benötigt. Dazu wird die Steuerinformation [Abb:ALLG-VB-{id}] (*{id}* entspricht der *id* des Vorgehensbausteins, die Unterstreichung ist wichtig und muss mit dem Editor formatiert werden) verwendet, die im Beschreibungstext an der Stelle eingefügt wird, an der die Abbildungsnummer erscheinen soll. Der Export löst die Information auf und fügt die richtige Bildreferenz in das Exportresultat ein.

**Hinweis:** Die *id* erfahren Sie allerdings nur, indem Sie mit einem Texteditor die XML-Datei öffnen und den entsprechenden XML-Knoten suchen. Der Editor blendet diese Information aus.

**Beziehungen zwischen Vorgehensbausteinen.** Die beiden *basiert*-Felder des Vorgehensbausteins regeln die Abhängigkeiten im Geflecht der Vorgehensbausteine. Das Feld *basiert_auf* zeigt an, dass Inhalte des aktuellen Vorgehensbausteins Inhalte von anderen Vorgehensbausteinen voraussetzen. Im Tailoring müssen daher neben dem jeweiligen Vorgehensbaustein auch alle anderen der hier referenzierten Vorgehensbausteine mit ausgewählt werden. Das Feld *kann_basieren_auf* zeigt an, dass der aktuelle Vorgehensbaustein auf einem der hier referenzierten Vorgehensbausteine aufbaut. Im Tailoring muss daher mindestens einer der hier referenzierten Vorgehensbausteine ebenfalls eingebunden werden.

**Beispiel:** Ein Beispiel für die *basiert_auf*-Referenzierung ist der Vorgehensbaustein SW-Entwicklung, der auf dem Vorgehensbaustein Systemerstellung basiert. Grund: In der Systemerstellung ist das Pflichtenheft enthalten, aus dem die Softwarespezifikation hergeleitet wird. Ein Beispiel für die *kann_basieren_auf*-Referenzierung ist der Vorgehensbaustein Sicherheit, der sich z. B. auf die SW- oder der HW-Entwicklung abstützen kann. Einer dieser beiden Vorgehensbausteine muss eingebunden werden, damit für die Produkte der Sicherheit ein Anwendungskontext vorhanden ist.

### Disziplinen erstellen

Um eine neue Disziplin anzulegen, muss in der Vorgehensbausteinstruktur unter dem Knoten *Disziplinen* ein neuer Knoten erzeugt werden. Nach dem Anlegen kann die neue Disziplin durch Produkte referenziert werden.

**Hinweis:** Werden im Rahmen einer Anpassung z. B. Erweiterungen im Bereich Projektmanagement eingeführt, müssen in neuen Vorgehensbausteinen nicht extra neue Disziplinen eingeführt werden. Vielmehr bietet es sich hier an, die bereits existierende Disziplin *Planung und Steuerung* aus dem Vorgehensbaustein Projektmanagement zu erweitern.

Soll keine neue Disziplin eingeführt, jedoch eine vorhandene erweitert werden, kann diese direkt bei der Definition der Produkte referenziert werden. In diesem Fall enthält ein neu angelegter Vorgehensbaustein möglicherweise *keine* eigenen Disziplinen.

**Produkte erstellen**

Die Erstellung von Produkten setzt sich aus mehreren Schritten zusammen und schließt das Erstellen von Themen und das Festlegen von Produktabhängigkeiten mit ein. Der technische Vorgang des Anlegens besteht wiederum aus dem Anlegen von Kindknoten unter den entsprechenden Knoten der Grundstruktur des Vorgehensbausteins. Folgende Schritte sind erforderlich, um ein Produkt anzulegen:

**Schritt 1:** Unter dem Knoten *Produkte* ist ein neuer Knoten anzulegen.

**Schritt 2:** Die zum Produkt gehörenden Themen sind jeweils als eigene Knoten unter *Themen* anzulegen.

**Schritt 3:** Die Beziehungen zwischen Produkten und weiteren Modellelementen sind herzustellen.

**Produkte.** In *Schritt 1* muss der Produktknoten angelegt werden. Im Anschluss sind die Felder für das Produkt mit Werten zu belegen. Bei der Vergabe eines Werts für das Feld *Nummer* muss die Konvention für die Nummerierung von Modellelementen [6] beachtet werden. Diese Form der Nummerierung (siehe „Nummerierung von Elementen", Seite 81) steuert die Reihenfolge der Produkte und deren Beschreibung in der Prozessdokumentation. Ein Produkt muss einer Disziplin zugeordnet werden. Im entsprechenden Feld werden *alle* möglichen Disziplinen zur Auswahl gestellt. Ein Produkt kann nur *genau einer* Disziplin zugeordnet werden.

Beachtet werden muss auch, wie die Bereitstellung von Text zur Beschreibung eines Produkts erfolgt. Hierzu stehen zwei Optionen zur Wahl: Der Text kann direkt über den *Sinn und Zweck* eingegeben werden. Alternativ kann ein Textbaustein verwendet werden, um den Beschreibungstext zu liefern. Ein Textbaustein hat den Vorteil, dass der Text einmal im Modell abgelegt wird und dann für verschiedene Produkte herangezogen werden kann. Grundsätzlich ist jedoch von der Verwendung von Textbausteinen abzuraten, da Änderungen auf alle Elemente wirken und somit eine spezifische Korrektur oder Anpassung nicht möglich ist.

**Themen und Unterthemen.** In *Schritt 2* sind die Themen zu Produkten zu erstellen. Dies erfolgt indem unter dem Knoten *Themen* für jedes neue Thema ein Kindknoten angelegt wird. Für die textuelle Beschreibung dient das Feld *Beschreibung*. Auch für die Nummerierung von Themen gilt die Nummerierungskonvention. Über die Nummerierung wird die Reihenfolge von Themen innerhalb eines Produkts festgelegt.

Seit Version 1.3 bietet das V-Modell die Möglichkeit, zu einem Thema *Unterthemen* zu definieren. Sie sind Unterknoten eines Themas und werden durch das Feld *Nummerierung* in eine Reihenfolge gebracht.

**Hinweis:** Sollen im Rahmen einer Anpassung Unterthemen zu bereits vorhandenen Themen eines Referenzmodells hinzugefügt werden, ist das direkte Einfügen von Kindknoten in das entsprechende Thema nicht möglich, ohne das Referenzmodell zu verändern. Für diesen Fall gibt es jedoch eine Änderungsoperation *UnterthemaEinordnen*, die Unterthemen unter ein Thema eingliedern kann. Dazu muss das Unterthema in einem Vorgehensbaustein des Erweiterungsmodells unter einem Thema angelegt werden. Das Thema braucht keinem Produkt zugeordnet sein, kann also als reiner „Dummy" eingesetzt werden, um als Container für Unterthemen zu dienen.

**Nummerierung von Elementen.** Da in einem Vorgehensbaustein auch Themen zu Produkten aus anderen Vorgehensbausteinen erstellt werden können, kann durch die Nummerierung die Reihenfolge, also die Position eines Themas im Produkt, beeinflusst werden. Hierzu kann ein Thema $X$ zwischen zwei bereits existierende Themen $A$ mit der Nummer 1 und $B$ mit der Nummer 2 eingeschoben werden, indem $X$ die Nummer 001.001 erhält.

Die Nummern sollten immer dreistellig sein und können folgendermaßen vergeben werden: Es ist jede Zahl mit einem Wert im Bereich [0..999] erlaubt. Zudem lassen sich Nummern in kleinere Bereiche unterteilen. Solange kein Untergliederungszeichen („.') verwendet wird, kann auf führende Nullen verzichtet werden (004 hat denselben Ordnungswert wie 4).

Wird mindestens ein Untergliederungszeichen verwendet, *müssen* alle Zahlen dreistellig sein und notfalls mit Nullen aufgefüllt werden. Außerdem sind höchstens drei Untergliederungsebenen gestattet.

**Beispiel:** Angenommen, im Referenzmodell gibt es ein Thema mit der Nummer 4 und ein Thema mit der Nummer 5. Wird in einem Erweiterungsmodell ein Thema ergänzt, das genau dazwischen platziert werden soll, gibt es keinen ganzzahligen Wert, der dazwischen passt. Das Untergliederungszeichen ‚.' gestattet es, einen neuen Raum von Zahlen im Bereich [000..999] aufzuspannen, der zwischen 4 (004) und 5 (005) liegt, z. B. 004.035. Soll ein Thema ergänzt werden, das zwischen 004 und 004.035 liegt, reicht es, dem Thema die Nummer 004.034 zu geben. Soll ein Thema ergänzt werden, das zwischen 004.034 und 004.035 liegt, kann ein weiterer ‚.' verwendet werden: 004.034.001.

**Beziehungen.** *Schritt 3* dient der Herstellung der Beziehungen zwischen den Produkten und den anderen Modellelementen. Die diesbezüglichen Arbeiten sind gesammelt im Abschnitt „Beziehungen festlegen" auf Seite 84 erläutert. Für Produkte im Speziellen gibt es Beziehungen, die nicht nur die Struktur des V-Modells aufspannen, sondern auch inhaltlich eine weitergehende Bedeutung für die Projektdurchführung haben. Gemeint sind die verschiedenen Arten der *Produktabhängigkeiten*.

Die Produktabhängigkeiten sind ebenfalls in Vorgehensbausteinen enthalten. Da sie auch Produkte verschiedener Vorgehensbausteine miteinander in Verbindung bringen können, ist bei der Modellierung der Vorgehensbausteine darauf zu achten, dass die Querbeziehungen über die Vorgehensbausteingrenzen hinweg schlank und überschaubar gehalten werden. Eine Beziehung, die von einem Vorgehensbaustein ausgeht und Inhalte eines anderen nutzt, sollte stets auch als *basiert_auf*- bzw. *kann_basieren_auf*-Beziehung modelliert werden.

**Kopiervorlagen erstellen**

Kopiervorlagen müssen in einer Ablage verfügbar sein, um mit Produkten verknüpft zu werden. Zur Einbindung sind zwei Schritte erforderlich:

**Schritt 1:** Unter dem Knoten *ExterneKopiervorlagen* ist pro Vorlage ein neuer Kindknoten zu erzeugen. Dieser enthält eine URI mit dem relativen Pfad zur gewünschten Vorlage. Ausgangspunkt für den Pfad ist die XML-Datei des Modells.

**Schritt 2:** In den Beziehungen sind Verknüpfungen zwischen den Vorlagen und den Produkten herzustellen, für die diese Vorlagen angeboten werden sollen. Dazu muss ein Knoten *ExterneKopiervorlageZuProdukt* unter *Produktbeziehungen* angelegt werden.

## 3.1. Modellbearbeitung

Eine Kopiervorlage kann für mehrere Produkte verwendet werden, indem entsprechende Beziehungselemente erstellt werden.

**Aktivitäten erstellen**

Damit die Erstellung von Produkten im generierten Projektplan erscheint, ist jeweils genau eine Aktivität nötig. Es empfiehlt sich, die Aktivität zu einem Produkt in denselben Vorgehensbaustein zu legen. Folgende Schritte sind erforderlich:

**Schritt 1:** Unter dem Knoten *Aktivitäten* ist für jede neue Aktivität ein neuer Knoten anzulegen.

**Schritt 2:** Für jede Aktivität muss ein Beziehungsknoten vom Typ *AktivitätZuProdukt* angelegt werden, um die Zuordnung zum Produkt vorzunehmen.

**Arbeitsschrittknoten erstellen**

Eine Aktivität besteht aus mehreren Arbeitsschritten. Vor Version 1.3 wurden die Arbeitsschritte als Teilaktivitäten bezeichnet. Dies wurde geändert, da das Metamodell seither die Modellierung von Aktivitätsabläufen unterstützt, die an die Modellierung von UML-Aktivitätsdiagrammen angelehnt sind. Eine Teilaktivität wird der enthaltenden Aktivität direkt zugeordnet, d. h. dafür gibt es keine Beziehungselemente.

**Hinweis:** Es ist zwar mit dem Metamodell möglich, Aktivitätsabläufe zu modellieren, das bedeutet aber nicht, dass dies im V-Modell XT auch so gemacht wurde. Die Informationen zu Aktivitäten sind in Version 1.3 noch genauso modelliert wie früher, nur auf das neue Metamodell angepasst. Teilaktivitäten sind jetzt also Arbeitsschritte, aber die Reihenfolgebeziehungen dazwischen sind offen gelassen worden.

## Beziehungen festlegen

Die einzelnen Elemente eines Vorgehensbausteins müssen in das Geflecht des V-Modells eingebunden werden. Produkte müssen mit verantwortlichen und mitwirkenden Rollen assoziiert und Aktivitäten mit Produkten verknüpft werden usw. In den Vorgehensbausteinen sind alle Beziehungen nach Typen gruppiert:

- Rollenbeziehungen
- Produktabhängigkeitsbeziehungen
- Aktivitätsbeziehungen
- Produktbeziehungen

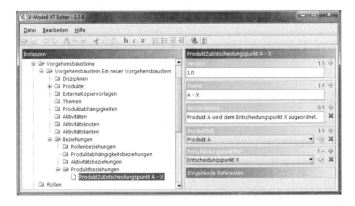

**Abb. 3.3.:** Beziehungen in einem Vorgehensbaustein

Ein Vorgehensbaustein muss nicht immer alle Gruppen beinhalten. Je nach Bedarf können sie über das Kontextmenü des *Beziehungen*-Knotens erstellt werden. Unterhalb des jeweiligen Gruppenknotens können explizite Beziehungsknoten angelegt werden. Abbildung 3.3 zeigt beispielhaft eine Beziehung, die ein Produkt einem Entscheidungspunkt zuordnet. Beim Anlegen einer Beziehung stehen Selektionslisten für die Quell- und Zielelemente zur Verfügung. Beziehungen sind immer binär und gerichtet. Es gibt einen Quell- und einen Zieltyp. Im Beispiel aus Abb. 3.3 stehen als Quelltyp nur Produkte und als Zieltyp nur Entscheidungspunkte zur Auswahl. Falsch zugeordnete Typen sind somit nicht möglich. Je nach Art der Beziehung können zu einer Quelle ggf. mehrere Ziele angegeben werden. Um eine Beziehung anzulegen, sind folgende Schritte erforderlich:

**Schritt 1:** Anlegen eines Beziehungsknotens des erforderlichen Typs unter dem entsprechenden Gruppenknoten.

**Schritt 2:** Wertbelegung der Metadaten: Name und Beschreibung des Beziehungsknotens. Der Name wird zur Benennung des Knotens im Editor verwendet. Die Beschreibung ist eine optionale Möglichkeit, eine Beziehung näher zu erläutern. Diese Felder werden vom Export nicht ausgewertet und dienen als Dokumentationshilfe für den Prozessingenieur.

**Schritt 3:** Auswahl der Beziehungsquelle.

**Schritt 4:** Auswahl des Beziehungsziels bzw. der -ziele.

Die zur Verfügung stehenden Quellen und Ziele umfassen immer das Gesamtmodell inklusive eines ggf. eingebundenen Referenzmodells. Dadurch können Beziehungen auch Modellelemente außerhalb des Vorgehensbausteins als Quellen oder Ziele referenzieren.

**Beispiel:** Ein Entscheidungspunkt liegt außerhalb des Vorgehensbausteins, der den Beziehungsknoten enthält. Gleichzeitig ist es aber auch möglich, als Quelle ein Produkt eines anderen Vorgehensbausteins zu wählen. Dies kann z. B. dann erforderlich sein, wenn bei der Erweiterung des Referenzmodells ein neuer Entscheidungspunkt eingeführt wird, zu dem auch Produkte des Referenzmodells vorgelegt werden müssen.

Die Vorgehensweise für das Anlegen von Beziehungen ist für alle Beziehungstypen gleich. Da die meisten Beziehungen sprechend bezeichnet sind, werden im Folgenden nur ausgewählte Beispiele genauer erläutert, bei denen auf Besonderheiten zu achten ist.

**Rollenbeziehungen.** In dieser Gruppe werden Rollen mit Produkten assoziiert. Bei der Beziehung *RolleWirktMitBeiProdukt* ist neben der Auswahl der Quelle und der Ziele noch das Feld *Mitwirkung immer erforderlich?* mit einem Wert zu belegen. Dies findet seine Ursache im Tailoring: Rollen werden im projektspezifischen V-Modell entfernt, wenn sie für kein Produkt verantwortlich sind und ihre Mitwirkung an keinem Produkt unerlässlich ist. Um die Notwendigkeit der Mitwirkung bei der Produkterstellung zu kennzeichnen muss das Feld *Mitwirkung immer erforderlich?* mit dem Wert *Ja* belegt werden. Wenn eine Rolle für kein Produkt verantwortlich ist, dann ist sie nur dann im projektspezifischen V-Modell nach dem Tailoring noch enthalten, wenn für irgendein Produkt dieses Feld mit *Ja* belegt ist.

**Beispiel:** Ein Beispiel ist bereits im Referenzmodell zu finden: Die Rolle *Anwender* ist z. B. für kein Produkt verantwortlich, wirkt jedoch bei der Erstellung des Lastenhefts oder der Anwenderaufgabenanalyse mit. Die Mitwirkung am Lastenheft ist als erforderlich modelliert.

**Produktbeziehungen.** In dieser Gruppe werden alle Verbindungen zwischen Produkten, Themen und Entscheidungspunkten angelegt. Besonders interessant ist der Beziehungstyp *ThemaZuProdukt*. Prinzipiell kann ein Thema mehreren Produkten zugeordnet werden, womit prinzipiell die „alten" Textbausteine abgelöst werden können.

Es ist jedoch Vorsicht geboten, da das nur funktioniert, wenn der Vorgehensbaustein, der das betreffende Thema enthält, auch im projektspezifischen V-Modell enthalten ist.

**Aktivitätsbeziehungen.** In dieser Gruppe werden alle Beziehungen zwischen Aktivitäten und Produkten sowie den Werkzeug- und Methodenreferenzen hergestellt. Besonders interessant sind die Verknüpfungsmöglichkeiten zwischen Werkzeugen, Methoden und Aktivitäten bzw. Arbeitsschritten. Konkrete Hilfestellungen können so direkt mit den Tätigkeitsbeschreibungen des V-Modells assoziiert werden. Durch das Referenzmodell werden bereits Verknüpfungen vorgegeben, die während der Anpassung auch entfernt (Abschnitt 3.2.4), ergänzt und neu aufgebaut werden können.

**Produktabhängigkeitsbeziehungen.** Hier können die erzeugenden, strukturellen sowie die inhaltlichen und Tailoringabhängigkeiten angelegt und ergänzt werden. Das Anlegen von Produktabhängigkeiten ist vom technischen Vorgehen analog zu den anderen Beziehungstypen gestaltet. Methodisch gibt es jedoch einen Unterschied, den Abb. 3.4 verdeutlicht.

Das Anlegen von Produktabhängigkeiten erfolgt zweistufig. Zuerst muss die Produktabhängigkeit angelegt werden, z. B. eine *ErzeugendeProduktabhängigkeit*. Sie ist der „Aufhänger" für die Produkte, die in dieser Abhängigkeit berücksichtigt werden müssen. Erst danach werden die Beziehungen angelegt, die einmal auf die Produktabhängigkeit und dann auf die Produkte, die auch in einem anderen Vorgehensbaustein liegen können, zeigen.

## 88   3. V-Modell XT Anpassung

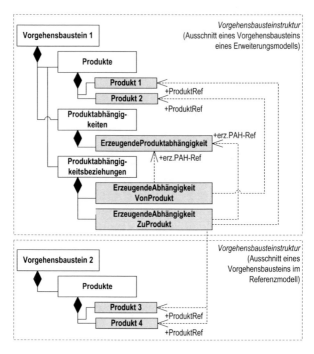

**Abb. 3.4.:** Produktabhängigkeiten in Vorgehensbausteinen

Für die unidirektionalen Produktabhängigkeiten existieren jeweils Beziehungenstypen *VonProdukt* und *ZuProdukt*, bzw. *GanzesProdukt* und *TeilProdukt*, die jeweils die Quell- bzw. die Zielprodukte referenzieren. Im Beispiel aus Abb. 3.4 ist *Produkt 1* das Quellprodukt, weshalb es durch eine *ErzeugendeAbhängigkeitVonProdukt*-Beziehung zu referenzieren ist, während die Produkte 2, 3, und 4 Zielprodukte sind, die durch eine *ErzeugendeAbhängigkeitZuProdukt*-Beziehung zu referenzieren sind. Bei der bidirektionalen inhaltlichen Produktabhängigkeit gibt es nur den Beziehungstyp *InhaltlicheAbhängigkeitZuProdukt*, der alle Produkte gleichberechtigt behandelt.

Um eine Produktabhängigkeit anzulegen, sind folgende Schritte notwendig:

**Schritt 1 (optional):** Für die Produktabhängigkeit ist unter dem Knoten *Produktabhängigkeiten* ein entsprechender Knoten anzulegen.

**Schritt 2:** Die Beziehungsknoten passenden Typs sind unter dem Knoten *Produktabhängigkeitsbeziehungen* anzulegen. Jeder Beziehungsknoten referenziert eine Produktabhängigkeit und mindestens ein Produkt.

Zu beachten ist, dass Produktabhängigkeiten auch erweitert werden können. Neue Beziehungen können bereits existierende Produktabhängigkeiten referenzieren und zu diesen zusätzliche Quell- und Zielprodukte hinzufügen.

### 3.1.5. Abläufe und PDSe gestalten

Das Anlegen von Ablaufbausteinen erfolgt, indem unterhalb des Knotens *Ablaufbausteine* pro Ablaufbaustein ein neuer Kindknoten angelegt wird. Das Resultat ist in Abb. 3.5 zu sehen.

**Spezifikationen.** Bevor eine Ablaufbausteinspezifikation erstellt wird, muss geprüft werden, ob eine neue Spezifikation überhaupt erforderlich ist oder ob eine bereits vorhandene den Anforderungen genügt. Soll eine Ablaufbausteinspezifikation neu erstellt werden, muss ein entsprechender Kindknoten unterhalb des Knotens *Ablaufbausteinspezifikationen* in der Modellstruktur angelegt werden. Die Ablaufbausteinspezifikationen sollten angelegt

## 3. V-Modell XT Anpassung

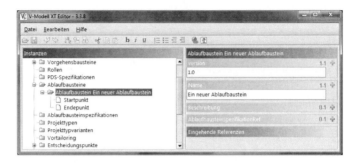

**Abb. 3.5.:** Struktur eines Ablaufbausteins

werden, bevor mit der Umsetzung konkreter Ablaufbausteine begonnen wird.

**Hinweis:** Das Referenzmodell macht selbst Gebrauch von Ablaufbausteinspezifikationen. Alle Projektdurchführungsstrategien sind auf Basis von Ablaufbausteinen konstruiert. Insbesondere bei den AN und AG/AN-Projekttypen ist dies für die *Entwicklungsstrategien* zu sehen. Sie referenzieren die Ablaufbausteinspezifikation *Entwicklungsstrategie*. Die einzelnen Projekttypvarianten referenzieren Ablaufbausteine, die jeweils spezifische Entwicklungsstrategien, z. B. die inkrementelle oder die prototypische Entwicklung, enthalten. In diesen Ablaufbausteinen ist definiert, dass sie der Ablaufbausteinspezifikation *Entwicklungsstrategie* entsprechen.

**Flache Ablaufbausteine.** Die Erstellung von Ablaufbausteinen ist eine aufwändige und fehleranfällige Tätigkeit. Sie sollte erst dann begonnen werden, wenn eine fertige Modellierung, z. B. als Grafik, vorliegt.

Der untere Teil von Abb. 3.6 zeigt eine Darstellung, die sehr dicht an der Realisierungsstruktur der V-Modell-Datei orientiert ist. Im oberen Teil der Abbildung ist die gewohnte Darstellung aus der V-Modell-Dokumentation zu sehen, die dem unteren Modell entspricht. Bei der Arbeit mit dem Editor werden die erforderlichen Strukturen schon teilweise bereitgestellt[8], wenn neue Knoten im Ablaufbaustein angelegt werden (siehe Abb. 3.5). Insbesondere für Splits und Joins werden schon grobe Rahmen generiert.

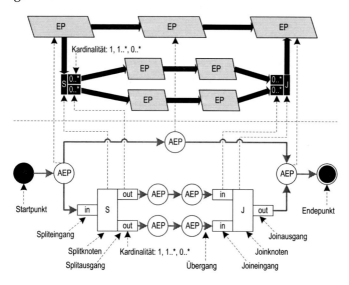

**Abb. 3.6.:** Ablaufbausteine erstellen (einfach)

Folgende Schritte sind erforderlich, um einen einfachen Ablaufbaustein anzulegen:

**Schritt 1:** Prüfen, ob alle Vorbedingungen erfüllt sind (zu referenzierende Ablaufbausteinspezifikationen und Entscheidungspunkte sind vorhanden).

---

8 Der V-Modell-Editor bietet keine Unterstützung für grafische Modellierung oder die Prüfung von Ablaufbausteinen. Jedoch gibt es mit dem Werkzeug *PDE* (siehe Anhang D) eine passende Unterstützung.

**Schritt 2:** Anlegen der Ablaufentscheidungspunkte. Wird ein Ablaufentscheidungspunkt angelegt, so ist der Entscheidungspunkt, den er repräsentiert, zu referenzieren.

**Schritt 3: (optional)** Anlegen aller notwendigen Splits und Joins sowie der dazugehörigen Ein- und Ausgänge. Beim Anlegen der Ein- und Ausgänge müssen gleichzeitig die Kardinalitäten festgelegt werden.

**Schritt 4:** Anlegen aller Übergänge zwischen den einzelnen Ablaufpunkten (Start-, Ende-, Ablaufentscheidungspunkte, Splits und Joins).

Mit diesen Schritten werden einfache Ablaufbausteine erstellt, die zu komplexeren, hierarchischen Ablaufbausteinen weiterverarbeitet werden können.

---

Tipp:

Arbeiten Sie bei der Realisierung von Ablaufbausteinen immer mit Darstellungen, wie z. B. im unteren Teil von Abb. 3.6. Diese Form der Darstellung enthält *alle* Übergänge des Ablaufbausteins – auch solche, die während des Exports nicht mehr sichtbar sind.

---

**Hierarchische Ablaufbausteine.** Analog zu den einfachen werden hierarchische Ablaufbausteine erstellt. Einige zusätzliche Punkte sind jedoch zu beachten:

- In Schritt 1 ist zusätzlich noch zu prüfen, ob alle Ablaufbausteine verfügbar sind, die eingebunden werden sollen (spätestens hier sind passende Ablaufbausteinspezifikationen unerlässlich).
- In Schritt 2 sind bei der Verwendung von Ablaufbausteinpunkten zusätzlich die entsprechenden Ablaufbausteinspezifikationen zu referenzieren.

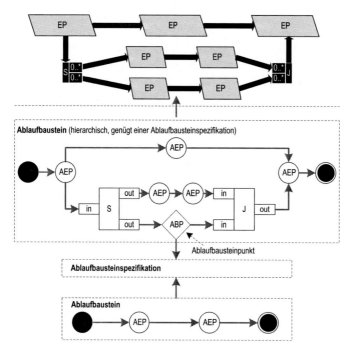

**Abb. 3.7.:** Ablaufbausteine erstellen (hierarchisch)

Abbildung 3.7 zeigt, dass die Umsetzung der Abläufe auf verschiedene Weise erfolgen kann. Der modellierte Ablauf hat für den Anwender dasselbe Verhalten wie die Modellierung aus Abb. 3.6. Welche dieser Varianten zum Einsatz kommt, ist in der Konzeption zu klären.

**Dokumentation und Darstellung.** In Kapitel 4.4.3 wird erklärt, dass und wie man Einfluss auf die Darstellung der generierten Ablaufbilder der Projektdurchführungsstrategien nehmen kann. Zusätzlich zur Überblicksdarstellung einer Projektdurchführungsstrategie wird auch die Ablaufbeschreibung in die Prozessdokumentation generiert. Über die grundsätzliche Beschreibung von Sinn und Zweck einer Projektdurchführungsstrategie hinaus können alle Übergänge zwischen zwei Entscheidungspunkten dokumentiert werden. Die Modellierung hierfür wird ebenfalls in den Ablaufbausteinen vorgenommen.

Jeder Übergang, d. h. *Übergang*, *Split* und *Join*, besitzt ein Beschreibungsfeld, das vorhanden, aber nicht gefüllt sein muss. Dieses Feld wird herangezogen, um den Übergang zwischen zwei Ablaufpunkten zu beschreiben. Der angegebene Text wird in die Prozessdokumentation generiert, und zwar unterhalb einer Abbildung des Übergangs, die vom Export anhand des PDS-Layouts erstellt wird.

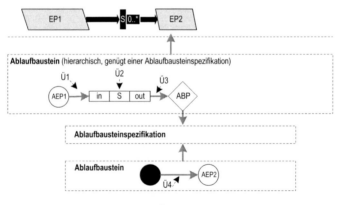

**Abb. 3.8.:** Komplexe Übergänge dokumentieren

In einigen Fällen kann es sein, dass zwischen zwei Entscheidungspunkten, die in einer Projektdurchführungsstrategie aufeinander folgen, mehrere Übergänge liegen.

In Abb. 3.8 ist dies z. B. der Fall. Die Übergangsgrafik, die der Export erzeugt, wird der oberen Darstellung entsprechen, d. h. der Übergang von *EP1* nach *EP2* muss dokumentiert werden. Die entsprechenden Ablaufentscheidungspunkte in der Modellierung sind *AEP1* und *AEP2*.

Genau dieser Übergang ist allerdings in der Modellierung komplexer, als es in der anwenderbezogenen Darstellung (oben) den Anschein macht. Tatsächlich stecken dahinter vier Übergänge, die in der Abbildung unten mit *Ü1*, *Ü2*, *Ü3* und *Ü4* gekennzeichnet sind. Bei der Erzeugung der Prozessdokumentation werden die Beschreibungstexte der beteiligten Übergänge einfach hintereinander gesetzt, um die Übergangsbeschreibung von *EP1* zu *EP2* zu bilden.

**Hinweis:** Zu beachten ist, dass sowohl normale Übergänge (Ü1, Ü3) wie auch Splits (Ü2) und Joins (nicht in diesem Beispiel) berücksichtigt werden. Darüber hinaus werden bei hierarchischer Verwendung von Ablaufbausteinen in Fällen wie dem in Abb. 3.8 auch Übergänge aus untergeordneten Ablaufbausteinen mit in die Bildung der Übergangsbeschreibungen eingebunden (Ü4).

Eine wichtige Information, die der Export noch für die Erzeugung der Ablaufbeschreibung braucht, ist die Angabe der Reihenfolge, in der die Dokumentation erfolgen soll. Dazu haben Ablaufbausteinpunkte und Ablaufentscheidungspunkte ein Feld *DokFolgtNachAblaufpunkt*, das im Editor i. d. R. als *Dokumentation wird erzeugt nach Ablaufpunkt* angezeigt wird.[9]

Mit diesem Feld wird angegeben, auf welchen Ablaufpunkt die Beschreibung eines Ablaufpunkts folgen soll. Für genau einen Ablaufpunkt in einem Ablaufbaustein

---

9 Falls das nicht der Fall ist, findet der Editor die Maskierungskonfiguration für Metamodellnamen nicht (siehe Ordner *config\i18n*, siehe Kapitel 4.1.2).

wird dieses Feld leer gelassen. Dieser Ablaufpunkt wird als rrster bei der Beschreibung des Ablaufbausteins herangezogen. Es darf maximal einen anderen Ablaufpunkt geben, der diesen Ablaufpunkt als Vorgänger kennzeichnet. Dieser wiederum kann als Vorgänger für einen weiteren dienen usw. Damit wird eine Kette gebildet, die eine klare Reihenfolge der Ablaufpunkte für die Ablaufbeschreibung definiert.

**Projektdurchführungsstrategien.** Abbildung 3.9 zeigt ein Beispiel einer Projektdurchführungsstrategie und wie sie aus hierarchischen Ablaufbausteinen modelliert wird.

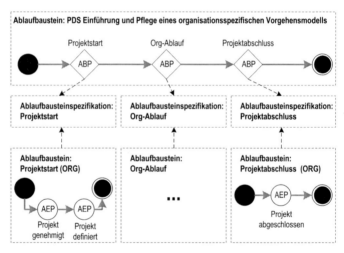

**Abb. 3.9.:** Projektdurchführungsstrategie für den Org-Projekttyp (Entwurf der Ablaufbausteine)

Der *Wurzelablaufbaustein* der Projektdurchführungsstrategie bildet den Rahmen und bindet drei Ablaufbausteinpunkte für den *Projektstart*, den *Projektabschluss* sowie den *Org-Ablauf* ein. Jeder dieser Ablaufbausteinpunkte referenziert eine Ablaufbausteinspezifikation. Konkrete Ablaufbausteine zu diesen Spezifikationen werden durch das Tailoring eingebunden. Diese Ablaufbausteine können selbst wieder hierarchisch sein. Das Erstellen einer Projektdurchführungsstrategie folgt somit auch der Vorgehensweise des Erstellens von Ablaufbausteinen (siehe Seite 91).

**Hinweis:** Im Unterschied zu „normalen" Ablaufbausteinen sollten die Wurzelablaufbausteine, die zu Projektdurchführungsstrategien werden sollen, immer einen *Projektstart* und einen *Projektabschluss* haben. Diese Spezifikationen stehen im Referenzmodell zur Verfügung. Jede Projektdurchführungsstrategie verfügt damit über die Entscheidungspunkte *Projekt genehmigt*, *Projekt definiert* sowie *Projekt abgeschlossen*.

Zu jeder Projektdurchführungsstrategie gibt es in der Prozessdokumentation i. d. R. eine Abbildung. In früheren Versionen des V-Modells mussten diese Abbildungen manuell mithilfe eines Grafikprogramms erstellt werden.

Aufgrund der hohen Flexibilität der Ablaufbausteine und der Tatsache, dass die endgültige Projektdurchführungsstrategie erst nach dem Tailoring feststeht, trägt diese Vorgehensweise nicht mehr. Abbildungen für Projektdurchführungsstrategien werden nun durch den Export des V-Modells automatisch entsprechend der Modellstrukturen generiert. Das automatisch generierte Layout ist hierbei nicht immer optimal und erfordert Nacharbeit (siehe Abschnitt *config\layouts* in Kapitel 4.4.3). Dazu ist *OpenOffice.org* erforderlich und ein initiales Erstellen der Abbildungen.

## 3.1.6. Integration in das Tailoring

Nachdem alle Elemente erstellt wurden, müssen sie noch für das Tailoring konfiguriert werden. Im Modell sollten nun (je nach Umfang der Anpassung)

- Entscheidungspunkte,
- Rollen,
- Vorgehensbausteine und
- Ablaufbausteine

verfügbar sein. Sofern erforderlich, müssen auch die zu den Ablaufbausteinen passenden Ablaufbausteinspezifikationen vorliegen. Sind diese Vorbedingungen erfüllt, können

- Projektmerkmale (optional),
- Projekttypen (optional) und
- Projekttypvarianten

erstellt werden. Die Erstellung dieser drei Modellelemente sollte auch in dieser Reihenfolge erfolgen, da sowohl Projekttypen als auch Projekttypvarianten Projektmerkmale referenzieren können.

Projekttypen und Projektmerkmale sind bei der Anpassung optionale Elemente. Wird z. B. nur eine kleinere Anpassung vorgenommen, die lediglich einen Projekttyp erweitert, muss kein neuer angelegt werden. Projektmerkmale müssen ebenfalls nur neu angelegt werden, wenn eine entsprechende Variabilität erforderlich ist. Wenn also z. B. in einer Anpassung optionale Vorgehensbausteine und/oder Abläufe modelliert wurden, die im Tailoring verfügbar sind, ist ein neues Projektmerkmal erforderlich. Wurde in der Anpassung eine Projektstruktur identifiziert, die im Referenzmodell nicht vorgesehen ist, z. B. ein Projekttyp *Beratungsprojekt*, ist ein neuer Projekttyp anzulegen. Wurden aber lediglich neue Vorgehens- und Ablaufbausteine so erstellt, dass ein bereits existierender Projekttyp nur erweitert werden muss, sollte dieser auch nachgenutzt werden. Dann ist nur eine Projekttypvariante anzulegen (ggf. auch neue Projektmerkmale, sofern eine Variabilität auf der Ebene der Projekttypvariante erforderlich ist).

**Hinweis:** Die Verwendung eines Projekttyps aus dem Referenzmodell bedeutet allerdings stets auch die Hinzunahme einiger verpflichtender Elemente. So ist beim Projekttyp *Systementwicklungsprojekt (AG)* immer der Vorgehensbaustein *Anforderungsfestlegung* zu verwenden. Jede Projekttypvariante, die auf diesem Projekttyp aufbaut, nutzt daher immer die durch den Projekttyp herangezogenen Vorgehensbausteine, Ablaufbausteinspezifikationen und Projektmerkmale.

**Projektmerkmale.** Es empfiehlt sich, zuerst die Projektmerkmale anzulegen. Projektmerkmale bestehen aus verschiedenen Werten, die jeweils als Kindknoten angelegt werden müssen. Weiterhin sind jedem Projektmerkmalswert verschiedene bedingte Modellelemente zugeordnet, die im projektspezifischen V-Modell aufgenommen werden, wenn dieser Wert während des Tailorings ausgewählt wird. Folgende Schritte sind zum Erstellen eines Projektmerkmals erforderlich:

**Schritt 1:** Unter dem Knoten *Projektmerkmale* ist ein neuer Kindknoten anzulegen.

**Schritt 2:** Für jeden Projektmerkmalswert ist ein neuer Kindknoten unter dem neu angelegten Knoten des Projektmerkmals anzulegen. Typische Projektmerkmalswerte sind *Ja* und *Nein*. Sie kennzeichnen, ob ein bestimmtes Merkmal auf ein Projekt zutrifft oder nicht, beispielsweise die Verwendung von Fertigprodukten. Projektmerkmale können auch komplexere Wertebereiche haben, wie z.B. beim Projektmerkmal *Projektgegenstand*, wo beim Tailoring zwischen *SW, HW, SW und HW* und *Integration* gewählt werden kann.

**Schritt 3: (optional)** Unter einem Wert ist ein Knoten *BedingteVorgehensbausteine* anzulegen, falls bei seiner Auswahl zusätzliche Vorgehensbausteine einzubinden sind. Jeder einzubindende Vorgehensbaustein muss über einen Knoten *BedingterVorgehensbaustein* (unter *BedingteVorgehensbausteine*) referenziert werden.

**Schritt 4: (optional)** Müssen neue Ablaufbausteinspezifikationen im Tailoring verfügbar gemacht werden, ist ein Knoten *BedingteAblaufbausteinspezifikationen* anzulegen. In der Regel ist dies nur der Fall, wenn auch neue Ablaufbausteine verfügbar sein sollen. Die Vorgehensweise entspricht dem Referenzieren zusätzlicher Vorgehensbausteine.

**Schritt 5: (optional)** Wenn neue Ablaufbausteine im Tailoring verfügbar sein sollen, ist ein Knoten *BedingteAblaufbausteine* anzulegen. Die Vorgehensweise entspricht dem Referenzieren zusätzlicher Vorgehensbausteine. Gegebenenfalls sind auch Ablaufbausteinspezifikationen mit einzubinden (siehe Schritt 4).

**Schritt 6:** Nachdem alle Werte angelegt und konfiguriert wurden, ist noch der Standardwert zu konfigurieren. Dazu muss im Knoten des gerade angelegten Projektmerkmals das Feld *Standardwert* mit einem Wert des aktuellen Projektmerkmals belegt werden. Dies dient der Initialkonfiguration des Tailorings im Projektassistenten.

## 3.1. Modellbearbeitung

**Projekttypen.** Das Anlegen neuer Projekttypen ist das mächtigste Werkzeug für die Anpassung. Hier kann ein Prozessingenieur einen Prozess *vollständig* und ohne (inhaltliche oder strukturelle) Reglementierungen des Referenzmodells entwerfen.

**Hinweis:** Der Prozessingenieur kann völlig frei festlegen, welche Vorgehensbausteine verpflichtend sind, welche Abläufe gültig sind etc. Allerdings verzichtet er auf die Verwendung bereits vordefinierter Strukturen, was zum einen hilfreich sein kann, zum anderen geht er das Risiko ein, sich mit dem neu definierten Prozess so weit vom Standard zu entfernen, dass eine Konformitätsprüfung möglicherweise negativ ausfällt.

Soll ein neuer Projekttyp eingeführt werden, ist das Vorhandensein der folgenden Elemente zu prüfen:

- erforderliche Vorgehensbausteine
- erforderliche Ablaufbausteinspezifikationen (inklusive einer ausgezeichneten, die für die PDS-Spezifikation verwendet werden kann)
- erforderliche Projektmerkmale

Sind diese Vorbedingungen erfüllt, wird ein Projekttyp mit folgenden Schritten angelegt:

**Schritt 1:** Unter dem Knoten *Projekttypen* ist im Modell ein neuer Knoten anzulegen, der den Namen und die Beschreibung des neuen Projekttyps enthält. Unter diesem sind weitere Knoten für bedingte (verpflichtende) Vorgehensbausteine, bedingte Projektmerkmale und Ablaufbausteinspezifikationen anzulegen. Das Ergebnis zeigt Abb. 3.10.

**Schritt 2:** Für jeden bedingten Vorgehensbaustein ist unter dem Knoten *BedingteVorgehensbausteine* ein neuer Kindknoten anzulegen. In jedem Knoten vom Typ *BedingterVorgehensbaustein* ist im Feld *Vorgehensbaustein* genau ein Vorgehensbaustein zu referenzieren.

**Schritt 3:** Für jede bedingte Ablaufbausteinspezifikation ist unter dem Knoten *BedingteAblaufbausteinspezifikationen* ein neuer Kindknoten anzulegen. In jedem Knoten vom Typ *BedingteAblaufbausteinspezifikation* ist im Feld *Ablaufbausteinspezifikation* genau eine Ablaufbausteinspezifikation zu referenzieren.

**Schritt 4: (optional)** Für jedes bedingte Projektmerkmal ist unter dem Knoten *BedingteProjektmerkmale* ein neuer Kindknoten anzulegen. In jedem Kindknoten ist im Feld *Projektmerkmal* genau ein Projektmerkmal zu referenzieren.

**Schritt 5:** Im Knoten *PDS-Spezifikation* ist die Ablaufbausteinspezifikation zu referenzieren, die den Rahmen für die gültigen Projektdurchführungsstrategien des Projekttyps vorgibt.

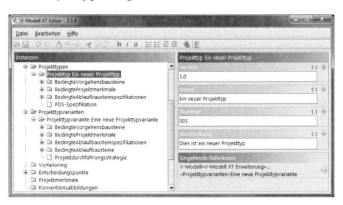

**Abb. 3.10.:** Strukturen für die Einbettung in das Tailoring

Projekttypen geben den verpflichtenden Rahmen für das Tailoring vor. Sofern variable Anteile über Projektmerkmale mit eingebracht werden, bilden die dort definier-

## 3.1. Modellbearbeitung

ten Standardwerte den Rahmen des projektspezifischen V-Modells. Weitere Variationen können nur durch *Projekttypvarianten* eingebracht werden. Für diese sind die Vorgaben ebenso bindend. So *müssen* die Projekttypvarianten Ablaufbausteine referenzieren, die den Spezifikationen des Projekttyps, zu dem sie gehören, genügen.

**Projekttypvarianten.** Projekttypen und Projekttypvarianten sind ähnlich strukturiert (siehe Abb. 3.10, 3.11 und [6]). Somit entsprechen die Vorbedingungen und das Vorgehen bei der Projekttypvariante weitgehend denen des Anlegens eines Projekttyps.

Abbildung 3.11 soll den Unterschied zwischen Projekttypen und Projekttypvarianten an einem Beispiel aus dem Referenzmodell verdeutlichen. Auf der linken Seite ist der Projekttyp *Systementwicklungsprojekt (AG)* dargestellt mit allen Vorgehensbausteinen, Projektmerkmalen und Ablaufbausteinspezifikationen, die durch ihn herangezogen werden. Rechts steht eine Projekttypvariante, die diesen Projekttypen konkretisiert: *AG-Projekt mit einem Auftragnehmer*. Diese Variante zieht keine weiteren Vorgehensbausteine und Projektmerkmale heran.

**Hinweis:** Um die folgenden Erläuterungen besser nachvollziehen zu können, bietet es sich an, sich die Strukturen des Referenzmodells mit dem V-Modell Editor anzusehen.

Die Projekttypvariante *AG-Projekt mit einem Auftragnehmer* enthält allerdings zwei weitere Ablaufbausteinspezifikationen und gibt für jede Ablaufbausteinspezifikation des Projekttyps und der Projekttypvariante genau einen Ablaufbaustein an, der diese Spezifikation erfüllt (z. B. erfüllt der Ablaufbaustein *Projektstart (AG)* (rechts) die Ablaufbausteinspezifikation *Projektstart* (links)). Um eine

## 3. V-Modell XT Anpassung

**Abb. 3.11.:** Beispiel: Ausprägung Projekttyp und Projekttypvariante

Projekttypvariante im Modell anlegen zu können, sind zunächst folgende Vorbedingungen zu prüfen:

- Ist ein Projekttyp verfügbar, dem die Projekttypvariante zugeordnet werden kann?
- Sind alle erforderlichen Ablaufbausteine vorhanden (inkl. eines ausgezeichneten, der als Projektdurchführungsstrategie verwendet werden kann)?

Sind die Vorbedingungen erfüllt, müssen folgende Schritte unternommen werden, um eine Projekttypvariante anzulegen:

**Schritt 1:** Unter dem Knoten *Projekttypvarianten* muss ein neuer Kindknoten angelegt werden, der Name und Beschreibung der neuen Projekttypvariante enthält. Für bedingte (verpflichtende) Vorgehensbausteine, Projektmerkmale, Ablaufbausteine und Ablaufbausteinspezifikationen sind jeweils neue Kindknoten anzulegen. Abbildung 3.10 zeigt das Ergebnis. Im Feld *Projekttyp* des neu angelegten Knotens muss der Projekttyp referenziert werden, zu dem die Variante gehört.

**Schritt 2:** Für jeden bedingten Vorgehensbaustein ist unter dem Knoten *BedingteVorgehensbausteine* ein neuer Kindknoten anzulegen. In jedem Knoten vom Typ *BedingterVorgehensbaustein* ist im Feld *Vorgehensbaustein* genau ein Vorgehensbaustein zu referenzieren.

**Schritt 3:** Für jeden bedingten Ablaufbaustein ist unter dem Knoten *BedingteAblaufbausteine* ein neuer Kindknoten anzulegen. In jedem Knoten vom Typ *BedingterAblaufbaustein* ist im Feld *Ablaufbaustein* genau ein Ablaufbaustein zu referenzieren. Ein *BedingterAblaufbaustein* hat ein besonderes Feld mit dem Namen *Darstellung*. Das Feld ist im Abschnitt „Integriert vs. isoliert" auf Seite 157 erläutert.

**Schritt 4:** Für jede bedingte Ablaufbausteinspezifikation ist unter dem Knoten *BedingteAblaufbausteinspezifikationen* ein neuer Kindknoten anzulegen. In jedem Knoten vom Typ *BedingteAblaufbausteinspezifikation* ist im Feld *Ablaufbausteinspezifikation* genau eine Ablaufbausteinspezifikation zu referenzieren.

**Schritt 5: (optional)** Für jedes bedingte Projektmerkmal ist unter dem Knoten *BedingteProjektmerkmale* ein neuer Kindknoten anzulegen. In jedem Kindknoten ist im

Feld *Projektmerkmal* genau ein Projektmerkmal zu referenzieren.

**Schritt 6:** Im Knoten *Projektdurchführungsstrategie* ist der Ablaufbaustein zu referenzieren, der den Rahmen für die Projektdurchführungsstrategie der Projekttypvariante vorgibt.

In einer Projekttypvariante müssen nur dann zusätzliche Ablaufbausteinspezifikationen eingebunden werden, wenn Ablaufbausteine verwendet werden sollen, die keiner Spezifikation des Projekttyps entsprechen.

Vorgehensbausteine, die direkt einer Projekttypvariante zugeordnet sind (bedingt), werden analog zu denen des Projekttyps verpflichtend für diese Variante. Die Elemente, die als bedingt konfiguriert werden, werden additiv zu den Vorgaben des Projekttyps hinzugenommen. Es finden hier *keine* Ersetzungen oder Löschungen statt.

**Hinweis:** Projekttypvarianten müssen *immer* einem Projekttyp zugeordnet werden. Dieser muss entweder neu angelegt werden, oder es kann ein existierender Projekttyp referenziert werden. Im letzten Fall sind die Vorgaben des Projekttyps auch für die neue Projekttypvariante bindend (z. B. hinsichtlich der Ablaufbausteinspezifikationen). Werden also Projekttypen aus dem Referenzmodell verwendet, müssen z. B. die Ablaufbausteine in der Projekttypvariante so gewählt werden, dass sie die Anforderungen des Projekttyps erfüllen.

**Abwandlungen von Abläufen.** In vielen Fällen genügt es für eine organisationsspezifische Anpassung, die bereits vorhandenen Abläufe in den Projekttypvarianten abzuwandeln. Hierfür sind drei Schritte erforderlich:

**Schritt 1:** Neue Ablaufbausteine sind zu ergänzen, die alternative Abläufe enthalten. Dazu müssen ggf. neue Entscheidungspunkte angelegt werden, falls diese bei der Konzeption identifiziert wurden.

**Schritt 2:** Eine neue Projekttypvariante ist zu erstellen. Diese bindet dieselben Ablaufbausteine ein, abgesehen von jenen, die abgewandelt werden sollen. An deren Stelle werden die neuen Ablaufbausteine eingebunden. Es muss darauf geachtet werden, dass diese Ablaufbausteine dieselbe Ablaufbausteinspezifikation erfüllen, wie die ersetzten.

**Schritt 3:** Gegebenenfalls muss die ursprüngliche Projekttypvariante noch entfernt werden. Dies geschieht über das Vortailoring (Abschnitt 3.2.3).

**Ergänzung von Vorgehensbausteinen.** Für den Fall, dass man bei der Anpassung lediglich weitere Vorgehensbausteine zu einer bereits existierenden Projekttypvariante hinzufügen möchte, die Abläufe allerdings bestehen lassen will, braucht man keine eigene Projekttypvariante anzulegen. Es genügt, eine Änderungsoperation *VorgehensbausteinErgänzen* dafür zu definieren (siehe Abschnitt 3.3).

## 3.2. Arbeit mit Erweiterungsmodellen

Gemäß dem Anpassungsschema des V-Modells werden organisationsspezifische Prozessanteile in einem sog. *Erweiterungsmodell* hinterlegt, das als eigener Ordner mit allen Quellen vorliegt. Dieser Abschnitt beschreibt die empfohlene Ordnerstruktur für Erweiterungsmodelle und die Schritte zum Bearbeiten eines Erweiterungsmodells.

### 3.2.1. Vorbereitende Aufgaben

Abbildung 3.12 zeigt exemplarisch, wie die Quellen verschiedener aufeinander aufbauender V-Modellvarianten strukturiert sein können. Die Struktur auf der obersten Ebene ist nicht zwingend erforderlich. Sie macht jedoch den Umgang mit den Modellquellen übersichtlich.

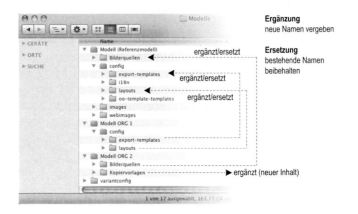

**Abb. 3.12.:** Struktur für Erweiterungen des V-Modells

Im Ordner *Modell* ist das Referenzmodell enthalten, das sich aus jeder V-Modell-Installation entnehmen lässt.

**Tipp:**

> Bei Installation des V-Modells in der Version 1.3 unter Windows ist der Standardordner, in den das Referenzmodell installiert wird, das Verzeichnis *C:\Programme\V-Modell XT\Release-1.3\V-Modell XT\Modell*. Für die Anpassung empfiehlt es sich, ein eigenes Arbeitsverzeichnis einzurichten und in diesem eine Kopie des Referenzmodells anzulegen.

Die Ordner *Modell ORG 1* etc. stellen Beispiele für organisationsspezifisch angepasste V-Modelle dar, die auf dem Referenzmodell aufbauen. In jedem dieser Ordner müssen die XML-Schemata *xml.xsd* sowie *V-Modell-XT-Metamodell.xsd* enthalten sein sowie eine XML-Datei, die das Erweiterungsmodell enthält (siehe Abschnitt 3.2.2). Optional enthält der Ordner auch eine XML-Datei mit angepassten Mustertexten. Die Benennung der Ordner ist beliebig. Die Ordner müssen nicht zwangsläufig auf derselben Verzeichnisebene abgelegt werden. Die Lokalisierung wird durch eine Konfigurationsdatei definiert, die hier im Ordner *variantconfig* abgelegt wird.

In den Modellordnern ist beim Aufbau der Ordnerstruktur Folgendes zu beachten: Bei der Zusammenführung (Kapitel 4.5) von Referenzmodell und Erweiterungsmodell überschreiben z. B. die Bilder des Erweiterungsmodells die Originalquellen und werden dann an deren Stelle für Exporte etc. verwendet. Damit dies reibungslos funktioniert, müssen die neuen Dateien denselben Namen haben, wie die Dateien, die ersetzt werden sollen, und die Ordnerstrukturen identisch sein.

**Beispiel:** Soll z. B. das Logo der Prozessdokumentation ausgetauscht werden, muss die Datei *ALLG-Logo-Blau.gif* ersetzt werden. Diese befindet sich im Ordner *images* des Referenzmodells. Die neue Datei, welche die Ersetzung vornimmt, muss dementsprechend denselben Namen tragen und im Erweiterungsmodell im Ordner *images* liegen.

**Hinweis:** Die Gleichheit von Ordnerstruktur und Dateinamen bezieht sich nur auf solche Elemente, die ersetzt werden sollen. Erweiterungen, z. B. ein neuer Ordner für Beispiele oder begleitende Vorlagen oder Dokumente, sind an keine Namenskonvention gebunden.

### 3.2.2. Anlegen eines Erweiterungsmodells

Nachdem eine Ordnerstruktur angelegt wurde, kann das Erweiterungsmodell angelegt werden. Dazu sind folgende Schritte erforderlich:

**Schritt 1:** Eine Ordnerstruktur (vgl. Abschnitt 3.2.1 und Kapitel 4.1.2) muss angelegt werden, die alle Daten (XML-Dateien, Bilder und sonstige) aufnimmt.

**Schritt 2:** Im Editor muss eine neue V-Modell-Datei mit der Option *Neues Dokument zu einem Schema erstellen...* angelegt werden. Dazu müssen in dem Ordner, in dem die V-Modell-Variante abgelegt werden soll, alle XML-Schema Dateien (*V-Modell-XT-Metamodell.xsd* und *xml.xsd*) verfügbar sein. Die *V-Modell-XT-Metamodell.xsd* wird im Auswahldialog gewählt.

**Schritt 3:** Im Editor ist nun ein Knoten *V-Modell* verfügbar. Unter diesem muss über das Kontextmenü mittels Rechtsklick auf den Knoten *V-Modell* und Auswahl der Option *V-Modellvariante als Kindknoten hinzufügen* eine neue V-Modell-Variante erzeugt werden. Das Resultat ist in Abb. 3.13 zu sehen.

**Schritt 4:** Wenn das Referenzmodell des V-Modells erweitert oder angepasst werden soll, muss es zusätzlich noch referenziert werden. Dies erfolgt im Kontextmenü der V-Modell-Variante über den Menüpunkt *Referenzmodell als Kindknoten hinzufügen*.

**Schritt 5:** Das Referenzmodell wird in das Erweiterungsmodell integriert, indem seine XML-Datei eingebunden wird. Dies geschieht über einen Rechtsklick auf den frisch erzeugten Knoten *Referenzmodell* und die Auswahl der Option *Sub-Dokument einlesen...*, bei deren Untermenü *V-Modell* ausgewählt wird. Im erscheinenden Auswahldialog wird nun zur XML-Datei des Referenzmodells navigiert, womit dieses eingebunden wird. Alle Elemente des Referenzmodells sind nun dem Knotenbaum im V-Modell XT Editor hinzugefügt.

## 3.2. Arbeit mit Erweiterungsmodellen

**Schritt 6:** Damit später die Zusammenführung der Modelle funktioniert (Kapitel 4.5.2), muss im Knoten *Referenzmodell* noch die V-Modell-Variante gewählt werden, die als Referenzmodell verwendet werden soll. Dies ist i. d. R. die Variante, die in der bei Schritt 5 eingebundenen Datei an oberster Stelle steht.

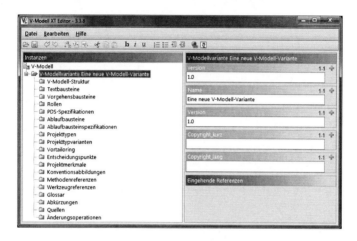

**Abb. 3.13.:** Eine V-Modell-Variante im V-Modell XT Editor

Die Erstellung eines Erweiterungsmodells erfordert die in Abb. 3.14 aufgeführten Schritte. Sie führen jeweils zur Erstellung weiterer Modellelemente (vgl. Abschnitt 3.1). Um die Erstellung effizient durchzuführen, wird die gezeigte Reihenfolge bei der Erstellung empfohlen. Sie ergibt sich aus den Möglichkeiten bzw. den Anforderungen der Referenzierung der einzelnen Elemente untereinander. So sind z. B. für die Erstellung von Projekttypen sowohl Projektmerkmale als auch Vorgehensbausteine und Ablaufbausteinspezifikationen erforderlich. Auch Ände-

# 3. V-Modell XT Anpassung

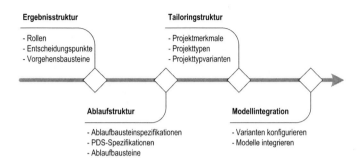

**Abb. 3.14.**: Schritte beim Anlegen eines Erweiterungsmodells

rungen am zugrunde liegenden Referenzmodell sind möglich.

### 3.2.3. Vortailoring

Das Vortailoring dient dem systematischen Ausschluss von Projekttypen, Projekttypvarianten und Projektmerkmalswerten aus einem organisationsspezifischen V-Modell. Es wird gekennzeichnet, welche Teile entfernt werden sollen. Bei der Zusammenführung von Referenz- und Erweiterungsmodell übernimmt der Editor das Entfernen der betroffenen Teile.

In der V-Modellvariante, die das Erweiterungsmodell enthält, befindet sich der Knoten *Vortailoring*. Dieser kann zwei Unterknoten enthalten:

- *Ausschluss*
- *SelektiverAusschluss*

Der Knoten *Ausschluss* kann nur einmal angelegt werden. Hier können Projekttypen und Projekttypvarianten referenziert werden, die entfernt werden sollen.

## 3.2. Arbeit mit Erweiterungsmodellen 113

**Hinweis:** Wird ein Projekttyp entfernt, werden auch alle Projekttypvarianten entfernt, die zu diesem Projekttyp gehören.

**Beispiel:** Ein Unternehmen führt nur beauftragte Systementwicklung durch. Im Vortailoring schließen Sie daher die Projekttypen *Systementwicklungsprojekt (AG)*, *Systementwicklungsprojekt (AG/AN)* und *Einführung- und Pflege eines organisationsspezifischen Vorgehensmodells* aus. Dazu tragen Sie diese drei Projekttypen im Knoten *Ausschluss* ein.

Weiterhin werden keine Wartungsprojekte durchgeführt, sodass die Projekttypvariante *AN-Projekt mit Wartung und Pflege* ebenfalls im *Ausschluss* eingetragen werden kann.

Nach der Zusammenführung zeigt der Projektassistent nur noch den Projekttypen *Systementwicklungsprojekt (AN)* mit der Projekttypvariante *AN-Projekt mit Entwicklung, Weiterentwicklung oder Migration* an.

Ein *SelektiverAusschluss* dient dem Entfernen eines oder mehrerer Projektmerkmalswerte. Der Ausschluss erfolgt in Abhängigkeit vom Projekttyp. Dieser Knoten kann beliebig oft angelegt werden. Er hat zwei Unterknoten: *Projektmerkmal-Wert* und *Ausschlusskontext*. Der Knoten *Projektmerkmal-Wert* bezieht sich auf Projektmerkmalswerte, die für einen bestimmten Projekttypen ausgeschlossen werden sollen, d. h. deren Werte im Projektassistenten nicht angezeigt werden sollen. Der Projekttyp, für den die Werte ausgeschlossen sein sollen, wird durch den *Ausschlusskontext* definiert.

**Beispiel:** Findet in einem Unternehmen nur reine Softwareentwicklung statt, können hardwarebezogene Entwicklungsprozesse ausgeschlossen werden.

Das Projektmerkmal *Projektgegenstand* muss angepasst werden. Dazu legen Sie einen Knoten *SelektiverAusschluss* an. Im Unterknoten *Projektmerkmal-Wert* sind die beiden Werte *HW* sowie *SW und HW* auszuwählen. Außerdem muss noch im *Ausschlusskontext* der Projekttyp *Systementwicklungsprojekt (AN)* angegeben werden. Als Resultat können im Projektassistenten für den referenzierten Projekttypen beim Projektmerkmal *Projektgegenstand* nur die Werte *SW* und *Integration* ausgewählt werden.

## 3.2.4. Änderungsoperationen

Änderungsoperationen dienen der Änderung des Referenzmodells, ohne dessen XML-Datei zu bearbeiten. Sie werden im Erweiterungsmodell definiert und dienen der Anpassung des Modells, auf dem das Erweiterungsmodell aufbaut. Bei der Anpassung des V-Modells werden Änderungsoperationen vor allem dafür verwendet, bestehende Inhalte zu konkretisieren, also organisationsspezifische Vorgehensweisen in die Beschreibungstexte von Produkten, Themen etc. zu ergänzen. Änderungsoperationen können allerdings auch zur Erweiterung verwendet werden, wenn die technische Struktur des V-Modells eine Erweiterung durch rein additive Maßnahmen nicht zulässt.

Die Ausführung der Änderungsoperationen nimmt der Editor während der Zusammenführung von Referenz- und Erweiterungsmodell vor (siehe Abschnitt 3.2.5).

**Hinweis:** Bei der Gestaltung der für den Anpasser zur Verfügung stehenden Änderungsoperationen wurden bewusst Beschränkungen vorgenommen, um nicht alle Änderungen zu gestatten. Es ist beispielsweise nicht erlaubt, Vorgehensbausteine durch Änderungsoperationen zu entfernen, da nicht gewährleistet werden kann, dass das Modell hinterher noch inhaltlich konsistent und konform zum V-Modell XT ist. Der geeignete Mechanismus, um Vorgehensbausteine aus dem Projektkontext zu entfernen, ist schließlich das Tailoring, das die Integrität des Modells sicherstellt.

**Konstruktive Konformität.** Je nachdem, wie gravierend die Änderungen sind, die durch die Operationen vorgenommen werden, kann es jedoch auch mit den zur Verfügung stehenden Änderungsoperationen dazu kommen, dass ein nicht konformes Modell entsteht. Im Einzelfall

## 3.2. Arbeit mit Erweiterungsmodellen

sind dabei Prüfungen vorzunehmen, wenn die Konformitätsfrage geklärt werden muss.

Im Folgenden wird jeweils kurz auf die Frage der Konformitätserhaltung bei Nutzung der Änderungsoperationen eingegangen. Die Eigenschaft, trotz Änderungen am Referenzmodell noch einen konformen Prozess zu erhalten, wird im Konformitätskonzept des V-Modells als *konstruktive Konformität* bezeichnet. Folgende Änderungsoperationen können dafür genutzt werden:

- Umbenennung von Modellelementen
- Ergänzung von Beschreibungstexten
- Ersetzung von Beschreibungstexten
- Verschiebung von Modellelementen
- Änderung von Beziehungen

Jede dieser Gruppen enthält Änderungsoperationen, auf die hier nicht im Detail eingegangen wird. Die vollständigen Beschreibungen sind jedoch in [6] zu finden.

**Umbenennungen.** Modellelemente des V-Modells können durch Änderungsoperationen umbenannt werden. Dabei wird das Feld *Name* dieser Elemente mit einem neuen Wert überschrieben, der der Änderungsoperation beigegeben wird. Modellelemente, die mittels Änderungsoperationen umbenannt werden können, sind z. B.: Disziplinen, Produkte, Themen, Aktivitäten, Rollen oder Entscheidungspunkte. Die Umbenennung ist in Bezug auf die Konformität unkritisch.

**Hinweis:** Umbenennungen wirken auch auf alle Referenzen in der Prozessdokumentation, die das umbenannte Element über seine *id* referenzieren (interner Verweismechanismus). Dies kann zu Seiteneffekten führen (siehe folgendes Beispiel).
Ein Elementname innerhalb eines Beschreibungstexts wird allerdings *nicht* umbenannt, wenn er lediglich als purer Text, also ohne Verlinkung zum Element, vorkommt.

**Beispiel:** Das Produkt *Projekthandbuch* wurde in *Projektleitfaden* umbenannt. In einem Beschreibungstext ist das Produkt durch den Verweismechanismus referenziert. Aus dem Originalsatz: „Das *Projekthandbuch* beinhaltet eine Kurzbeschreibung..." wird: „Das *Projektleitfaden* beinhaltet eine Kurzbeschreibung...". Durch die Änderungsoperationen erfolgt keine grammatikalische Anpassung des Satzkontexts.

**Ergänzung von Beschreibungstexten.** Durch Anhängen von neuen Texten können bestehende Beschreibungstexte ergänzt werden. Die Operationen stehen jeweils in zwei Varianten zur Verfügung: Eine zum Voranstellen eines Textes und eine zum Hintenanstellen. Die Beschreibungstexte der folgenden Elemente können ergänzt werden:

- Disziplinen
- Produkte
- Themen
- Aktivitäten
- Rollen
- Entscheidungspunkte
- Kapitel und Abschnitte aus der *V-Modell-Struktur*

**Ersetzung von Beschreibungstexten.** Kapitel- und Abschnittstexte sind unstrukturierte Informationen, die sich schwer durch genau gezielte Änderungsoperationen beeinflussen lassen. Daher besteht die Möglichkeit, diese Texte vollständig durch neue Texte zu ersetzen.

**Hinweis:** Hier muss jedoch der gesamte geänderte Text hinsichtlich der V-Modell-Konformität geprüft und auch der Kontext berücksichtigt werden.

**Verschiebung von Elementen.** Das Metamodell des V-Modells ist an den meisten Stellen so aufgebaut, dass

## 3.2. Arbeit mit Erweiterungsmodellen 117

die Verbindung zwischen den Modellelementen über eigenständige Beziehungselemente hergestellt wird. Diese Trennung von Inhalten und der XML-Struktur ist die Voraussetzung für eine einfache Erweiterbarkeit des Modells. Es gibt allerdings Modellelemente, bei denen diese Voraussetzung nicht erfüllt ist. Unterthemen sind z. B. Kindknoten von Themen. Dasselbe gilt auch für Kapitel und Abschnitte: Kapitel sind Kindknoten von Teilen, Abschnitte sind Kindknoten von Kapiteln.

Damit nun Themen um Unterthemen, V-Modell-Teile um Kapitel und Kapitel um Abschnitte angereichert werden können, besteht die Möglichkeit, die unterzuordnenden Elemente an anderer Stelle im Erweiterungsmodell anzulegen und dann mittels Änderungsoperationen an den Bestimmungsort zu verschieben.

**Hinweis:** Die Verschiebung von Modellelementen ist an sich unkritisch in Bezug auf die Konformitätsfrage, allerdings muss geprüft werden, ob dieser Mechanismus dazu genutzt wird, um Kapitel und Abschnitte aus dem Modell zu entfernen. In diesem Fall ist die Relevanz des entfernten Elements hinsichtlich der Konformität zu überprüfen.

**Änderung von Beziehungen.** Die Beziehungen des Referenzmodells bauen eine Struktur auf, die das V-Modell ausmacht: Ein Produkt hat eine verantwortliche Rolle und bestimmte Themen, die auch bei einer organisationsspezifischen Anpassung nicht oder nur sehr bedacht verändert werden sollen. Zur Anpassung dieser Struktur gibt es ebenfalls Änderungsoperationen. Es können z. B. die Verantwortlichkeitsbeziehungen des Modells verändert werden. Mit der Änderungsoperation *VerantwortlichkeitÄndern* kann eine bestehende Verantwortlichkeitsbeziehung auf eine andere Rolle umgelenkt werden. Die Änderungs-

## 3. V-Modell XT Anpassung

operation *VerantwortlichkeitEntfernen* bietet die Möglichkeit, eine Beziehung zwischen Rolle und Produkt zu entfernen, um eine alternative Verantwortlichkeit definieren zu können.

Bei der Änderung von Modellstrukturen ist in jedem Fall eine Prüfung hinsichtlich der Konformität sinnvoll. Strukturänderungen am Modell sind *immer* kritisch.

### 3.2.5. Zusammenführung von Varianten

Nachdem ein Erweiterungsmodell erstellt wurde, muss es noch mit dem Referenzmodell zusammengeführt werden, bevor es im Projektassistenten und für den Export der Prozessdokumentation herangezogen werden kann.

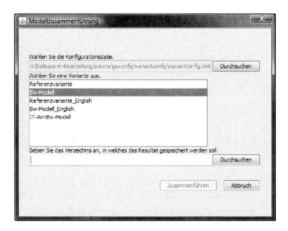

**Abb. 3.15.:** Zusammenführen der Modelle

Für die Zusammenführung sind bestimmte technische Voraussetzungen zu schaffen (Kapitel 4.5.1). Die Modellzusammenführung wird durch den V-Modell-Editor im Menüpunkt *V-Modelle zusammenführen...* angestoßen.

Alternativ kann die Zusammenführung auch durch den Aufruf einer der Batch-Dateien *merge-de.bat* bzw. *merge-en.bat* auf der Konsole erfolgen. Die beiden Dateien liegen im Installationsverzeichnis des Editors (siehe Kapitel 4.5.4). Es wird der Dialog aus Abb. 3.15 angezeigt, in dem zunächst die *variantconfig.xml* für das Anpassungsprojekt ausgewählt werden muss. Diese referenziert alle verfügbaren Modellvarianten, von denen eine auszuwählen ist. Im Anschluss muss noch ein Ausgabeverzeichnis angegeben werden, in dem das organisationsspezifische V-Modell abgelegt werden soll.

## 3.3. Änderungen eines bestehenden Modells

Die im Abschnitt 3.2 gezeigten Techniken behandeln Anpassungen des V-Modells als *Erweiterungen*, die gegebene Inhalte des Referenzmodells unberührt lassen.

Die Möglichkeit der Nutzung von Erweiterungsmodellen ist im V-Modell erst seit Version 1.3 gegeben. Davor musste man Änderungen am V-Modell direkt in der XML-Datei vornehmen, die das V-Modell beschreibt. Auch mit Version 1.3 kann es sinnvoll sein, auf ein Erweiterungsmodell zu verzichten. Mögliche Gründe dafür sind:

- Einsparen der notwendigen Einarbeitungszeit zur Nutzung von Erweiterungsmodellen
- Reduzierung der Modellierungskomplexität
- Die durch das Erweiterungsmodell-Konzept eingeschränkte Mächtigkeit der Anpassbarkeit verhindert gewünschte Anpassungen

Erfolgt die Anpassung direkt in einem bestehenden Modell, sind die in Abschnitt 3.1 beschriebenen Aufgaben und Vorgehensweisen ebenfalls anwendbar.

**Hinweis:** Bei der Entscheidung, ob eine Anpassung mit oder ohne Erweiterungskonzept durchgeführt wird, sollte unbedingt berücksichtigt werden, dass mit einem Verzicht auf das Erweiterungskonzept die Möglichkeit des konstruktiven Konformitätsnachweises verlorengeht (siehe Kapitel 2.7).

## 3.4. Mustertexte

Organisationsspezifische Textvorlagen können als *Mustertexte* bereitgestellt werden, die durch den *Projektassistenten* in die Produktvorlagen hineingeneriert werden. Sie sind eine zusätzliche, sehr konkrete Hilfestellung für die Produktverantwortlichen.

### 3.4.1. Allgemeines zu Mustertexten

Im V-Modell sind die Mustertexte in der Datei *V-Modell-XT-Mustertexte.xml* hinterlegt. Sie sind vom eigentlichen Modell separiert und werden eigenständig mit dem V-Modell Editor bearbeitet. Abbildung 3.16 zeigt eine gefüllte *Musterbibliothek*, die bereits Mustertexte für eine V-Modell-Variante enthält. Somit stehen für Mustertexte die gleichen Bearbeitungsoptionen wie für V-Modell-Inhalte zur Verfügung (Texte und Bilder).

Die Mustertexte referenzieren Produktstrukturen des V-Modells und können diese erweitern. Durch die Trennung der Mustertexte vom V-Modell ist darüber hinaus auch eine schnellere Rückkopplung aus den Projekten möglich. Mustertexte lassen sich „einfacher" anpassen als der gesamte Prozess.

## 3.4. Mustertexte

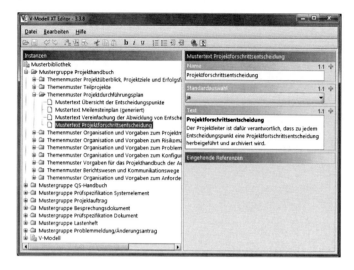

**Abb. 3.16.:** Mustertexte im V-Modell Editor

### 3.4.2. Mustertexte bearbeiten

Im Folgenden werden die Bearbeitung von Mustertexten sowie der Einfluss, der auf die Strukturen der Vorlagen genommen werden kann, erläutert.

**Hinweis:** Sieht die Anpassung vor, dass bereits vorliegende Mustertexte weiter verwendet werden sollen, muss die existierende Mustertextdatei in den Ordner des Erweiterungsmodells kopiert werden. *Achtung!* In diesem Fall muss mit einem einfachen XML- oder Texteditor die Referenz (letzter Eintag in der Datei: *xi:include href="Modell-Datei.xml"*) auf das V-Modell manuell so angepasst werden, dass das Erweiterungsmodell referenziert wird. Eine Zusammenführung von Mustertextdateien erfolgt nicht – die Mustertextdatei des Erweiterungsmodells überschreibt die Datei des Referenzmodells vollständig.

**Anlegen einer Mustertextdatei.** Folgende Schritte sind für das Anlegen einer neuen Mustertextdatei erforderlich:

**Schritt 1:** Starten des Editors.

**Schritt 2:** Anlegen eines neuen Dokuments mit der Option *„Neues Dokument zu einem Schema"*.

**Schritt 3:** Die Datei *V-Modell-XT-Mustertexte.xsd* ist auszuwählen. Sie enthält die Definition der notwendigen Strukturen.

**Schritt 4:** Einlesen des V-Modells, auf das sich die Mustertexte beziehen sollen, als *Subdokument* (mithilfe des Kontextmenüs). Die auszuwählende V-Modell-Datei ist in diesem Fall diejenige Datei, die das Erweiterungsmodell enthält.

Wichtig ist, dass das Erweiterungsmodell bereits vorhanden sein muss, damit eine Mustertextdatei sinnvoll konfiguriert werden kann. Wird das (korrekt konfigurierte) Erweiterungsmodell eingebunden, stehen gleichzeitig auch alle Produkte, Themen und ggf. Unterthemen des Referenzmodells zur Verfügung, sodass die Mustertexte global für das gesamte spätere organisationsspezifische V-Modell definiert werden können.

**Strukturen von Mustertexten.** Mustertexte werden durch das zugrunde liegende Schema strukturiert (Tabelle 3.3).

Sie können zu hierarchischen Strukturen zusammengefasst werden (Abb. 3.17, oben), die außerhalb der V-Modell-Struktur den Aufbau von Produktvorlagen ausgestalten können. Sie werden erst durch den Projektassistenten ausgewertet (Abb. 3.17, unten).

## 3.4. Mustertexte

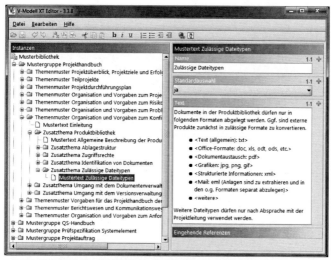

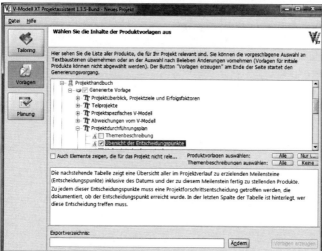

**Abb. 3.17.:** Hierarchische Mustertexte im V-Modell Editor und Auswahlansicht im Projektassistenten

| Eigenschaft | Beschreibung |
| --- | --- |
| Mustergruppe | Container für Themenmuster. |
| Themen-muster | Container für Themenmuster, Zusatzthemen und Mustertexte. Ein Themenmuster referenziert ein Thema bzw. Unterthema eines Produkts. |
| Zusatzthema | Container für weitere Zusatzthemen oder Mustertexte. Zusatzthemen werden im referenzierten Thema/Unterthema als nummerierte Unterkapitel generiert. |
| Mustertext | Ein Mustertext ist ein Textfragment (inkl. Bilder), das durch den Projektassistenten in eine Produktvorlage generiert wird. |

**Tabelle 3.3.:** Elemente der Musterbibliothek

**Anlegen von Mustertexten.** Sollen Mustertexte angelegt werden, orientieren sich die einzelnen Schritte dazu an der Struktur der Mustertextdatei. Generell sind folgende Schritte durchzuführen, wobei nicht immer alle Schritte erforderlich sind:

**Schritt 1:** Eine Mustertextdatei muss (neu) angelegt, referenziert (siehe oben) und geöffnet werden.

**Schritt 2:** Anlegen einer Mustergruppe mithilfe des Kontextmenüs im Knoten *Musterbibliothek*.

**Schritt 3:** Mithilfe des Kontextmenüs im Knoten *Mustergruppe* wird ein neues Themenmuster angelegt. Im neu angelegten Themenmuster muss nun entweder ein Thema oder ein Unterthema referenziert werden.

**Schritt 4:** Strukturieren des Themenmusters durch Anlegen von weiteren Themenmustern oder Zusatzthemen. Die Strukturierung sollte zunächst soweit wie möglich vollständig modelliert werden, bevor die Mustertexte angelegt werden.

**Schritt 5:** Anlegen von Mustertexten.

**Hinweis:** Themenmuster, Zusatzthemen und Mustertexte haben die Eigenschaft *Name*. Sie enthält den Text, den der Projektassistent verwendet, um die Dokumentstruktur in der Produktvorlagenexportsicht zu visualisieren.

Die Wahl der Gruppierung der Themenmuster zu Mustergruppen bleibt dem Anpasser vorbehalten. Im V-Modell XT Entwicklungsteam wurde i. d. R. für jedes Produkt, das Mustertexte erhalten sollte, eine eigene Mustergruppe angelegt (vgl. Abb. 3.16 und 3.17). Das blieb in allen Fällen übersichtlich genug. Dasselbe gilt auch für die Benennung von Mustergruppen, Themenmustern usw. Es hat sich jedoch bewährt, folgendes Schema zu verwenden:

- Die Mustergruppen sollten den Namen der Produkte beinhalten, auf die sie sich beziehen.
- Themenmuster sollten den Namen der Themen bzw. Unterthemen beinhalten, auf die sie sich beziehen.

Die Namen der Mustertexte sind wahlfrei, sollten jedoch aussagekräftig sein. Bei den Namen von Zusatzthemen ist darüber hinaus zu beachten, dass aus ihnen Kapitelüberschriften generiert werden. Ein Zusatzthema „*X*" zu einem Kapitel „*1. Y*" eines Produkts wird im Export als Unterkapitel „*1.1 X*" in die Produktvorlage aufgenommen.

# 4. V-Modell XT Technik

Das V-Modell ist als vollständig maschinenlesbares Vorgehensmodell konzipiert. Der Hintergrund ist, dass sich das Modell einerseits durch Werkzeuge bearbeiten lässt und weiterhin, dass eine Verarbeitung des Modells mit anderen Werkzeugen erleichtert wird. Mit dem V-Modell selbst kommt bereits eine Reihe von Referenzwerkzeugen, die für Prozessingenieure relevant sind.

Dieses Kapitel beschreibt die *technischen* Aufgaben der Anpassung des V-Modells. Es beschreibt die Dateistruktur sowie die einzelnen Modellbestandteile und ihre Anpassung. Der Schwerpunkt liegt hierbei in der Anpassung von Prozessdokumentation und Produktvorlagen sowie in der Automatisierung der Entwicklungsumgebung.

## Überblick

Die technischen Aufgaben gliedern sich in verschiedene Tätigkeitsbereiche, siehe Tabelle 4.1. Die Einzeltätigkeiten greifen auch in die Aufgaben aus Kapitel 3 ein. Eine explizite Reihenfolge gibt es nicht, sodass sich viele der Aufgaben entweder gesammelt in einem Block erledigen lassen, aber auch eine zur Anpassung parallele Bearbeitung möglich ist.

Die Konfiguration der V-Modell-Varianten erfolgt i. d. R. nur einmalig – entweder zu Beginn eines Anpassungsprojekts, jedoch spätestens vor der erstmaligen Erstellung

| Anwendungsfall | Beschreibung |
|---|---|
| Prozessdokumentation anpassen | Das Aussehen der Prozessdokumentation ist in weiten Teilen konfigurierbar. Abschnitt 4.2 beschreibt das Vorgehen. |
| Produktvorlagen anpassen | Das Aussehen der Produktvorlagen ist in weiten Teilen konfigurierbar. Abschnitt 4.3 beschreibt das Vorgehen. |
| Bilder anpassen | Das V-Modell bindet eine Reihe von Bildern ein. Die Bilder werden entweder durch den Prozessingenieur bearbeitet oder automatisch erzeugt (Abschnitt 4.4). |
| Entwicklungs- und Buildumgebung | Die Entwicklungsumgebung, insbesondere die Referenzwerkzeuge, sind im Buildprozess automatisierbar. In Abschnitt 4.5.4 finden sich das Vorgehen dazu und der Buildprozess. |

**Tabelle 4.1.:** Anwendungsfälle der technischen Aufgaben

des organisationsspezifischen V-Modells. Die restlichen Tätigkeiten sind *optional*. Ist beispielsweise das Standardlayout der Prozessdokumentation ausreichend, ist eine Anpassung der entsprechenden Vorlagen nicht erforderlich. Auch die Automatisierung der Buildumgebung ist optional, da alle hierfür erforderlichen Fähigkeiten bereits durch die Standardwerkzeuge angeboten werden.

## 4.1. Installation und Quellenstruktur

Das V-Modell setzt sich aus vielen einzelnen Dateien zusammen, die im Gesamten die Inhalte des Vorgehensmodells ausmachen und für die Verwendung durch die verfügbaren Werkzeuge benötigt werden. Im Folgenden wird dargestellt, welche Inhalte der V-Modell-Installer auf der Festplatte installiert. Der Fokus liegt auf den für Prozessingenieure relevanten Modellbestandteilen.

### 4.1.1. Installation

Das V-Modell steht mit seinen Werkzeugen frei zur Verfügung und kann von der Webseite des IT-Beauftragten des Bundes[10] heruntergeladen werden. Der Installer kann online direkt von der Webseite installiert (Online-Installer) oder nur heruntergeladen werden (Offline-Installer). Voraussetzung für Download und Installation des V-Modells ist Java ab Version 1.5. Ein Wizard führt durch die einzelnen Schritte der Installation. Nach Auswahl der Sprache und Akzeptanz der Lizenz kann man wählen, welche Elemente im Paket installiert werden (Tabelle 4.2).

Für eine minimale Installation benötigt man als Prozessingenieur die V-Modell-Quellen, den Editor, den Projektassistenten und ein OpenOffice-Paket für den Export.

**Hinweis:** Sollte OpenOffice.org auf dem Zielsystem bereits vorhanden sein, kann das entsprechende Paket auch abgewählt werden. In diesem Fall fragt der Installer nach der Datei *soffice.exe*, die in der Regel im Installationsverzeichnis von OpenOffice.org unter *App\openoffice\program* zu finden ist.

Weitere Komponenten können optional gewählt werden. Die Werkzeuge lassen sich auch unter MacOS X und Linux ausführen, allerdings ist hier gerade für den Prozessingenieur die Unterstützung noch nicht ausgereift. Insbesondere müssen die verschiedenen Batch-Skripte für die automatisierte Zusammenführung (*merge-de.bat*) und die

---

10 www.cio.bund.de oder auch direkt unter www.v-modell-xt.de

| Paket | Beschreibung |
| --- | --- |
| Lizenz und Autoren | Lizenz zur Anwendung des V-Modell XT und Liste seiner Autoren. |
| Release Notes | Eine Liste der Änderungen im Vergleich zur vorherigen Version. |
| Projektassistent | Werkzeug für das Tailoring. |
| Editor | Werkzeug zur Bearbeitung des V-Modell XT selbst. |
| Portable OpenOffice.org | Zusätzliches Paket für den Export des V-Modells. |
| V-Modell Quellen | Eine Menge von XML-Dateien und Bilderdateien, die in ihrer Gesamtheit das V-Modell beschreiben. |
| Dokumentation | Eine vollständige Dokumentation in HTML- und PDF-Format. |
| Schulungsmaterial | Referenzschulungen. |
| Beispielprojekte | Eine Auswahl an Beispieldokumenten von Projekten, die nach dem V-Modell durchgeführt wurden. |
| Produktvorlagen | Die vollständigen Produktvorlagen zum V-Modell XT. |

**Tabelle 4.2.:** Inhalte des Installationspakets des V-Modell XT

Layoutgenerierung (*regenerateLayouts.bat*) angepasst und als Shell-Skripte umgesetzt werden.

### 4.1.2. Quellenstruktur

Der Installer kopiert alle Quelldateien, sodass der Prozessingenieur alle Informationen verfügbar hat. Die Quellen sind umfangreich und deren Struktur komplex, sodass sie im Folgenden erläutert werden.

## 4.1. Installation und Quellenstruktur

**Der Quellenordner.** Die Quellen sind der Datenstamm, aus dem die Werkzeuge *alle* Informationen darüber beziehen, wie das V-Modell sich zusammensetzt und wie es für den Endanwender dargestellt werden soll. Im Standard-V-Modell heißt dieser Ordner *Modell*.

Der Ordner, der die V-Modell-Quellen enthält, besitzt alle Informationen, die benötigt werden, um eine Dokumentation des V-Modells generieren zu können und es in die verschiedenen Werkzeuge zu laden.

Dafür gibt es vier Unterordner, die in Abb. 4.1 dargestellt sind und detaillierte Informationen für die Erzeugung der Dokumentation enthalten. Die eigentlichen Quellen des V-Modells, also die XML-Inhalte inklusive des XSD-Schemas, liegen ebenfalls in diesem Ordner.

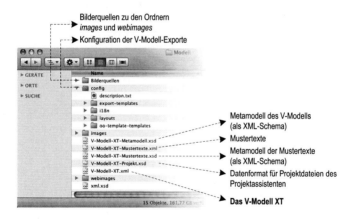

**Abb. 4.1.:** Struktur der Modell- und Konfigurationsordner

In den XML-Daten sind Verweise auf Bilder enthalten, die sich im Modellordner befinden. Die Bilder liegen im Unterordner *images* und werden für die Generierung der

PDF-Dokumentation benötigt. Die in *webimages* enthaltenen Bilder sind skalierte Kopien der Bilder im Ordner *images*, die für die HTML-Dokumentation und somit für die Darstellung im Browser verkleinert wurden.

Der Ordner *config* gruppiert für die Werkzeuge zusätzliche Informationen darüber, in welcher Form die Daten für den Endanwender dargestellt werden sollen.

Im Ordner *export-templates* sind die Vorlagen abgelegt, die bei der Erzeugung der Prozessdokumentation herangezogen werden. Der Ordner *i18n* dient als Hilfe für den V-Modell Editor, um die Darstellung der Modellelemente nutzerverständlicher zu gestalten, indem Begriffe wie *BeispielProduktgestaltung* aus dem Metamodell durch *Beispiel für die Produktgestaltung* maskiert werden. Im Ordner *layouts* werden die Vorlagen für die Generierung der Bilder von Projektdurchführungsstrategien abgelegt. Die Vorlagen für die Erzeugung von Produktvorlagen (siehe Abschnitt 4.3) sind im Ordner *oo-template-templates* enthalten.

Der Ordner *Bilderquellen* enthält die Visio-Vorlagen, aus denen die meisten GIF-Bilder des V-Modells erzeugt werden.

## 4.2. Anpassung der Prozessdokumentation

Für den Endanwender des V-Modells ist i. d. R. nur der Projektassistent und das Exportresultat sichtbar. Das Resultat besitzt eine Struktur, die im Modell hinterlegt ist und ein Format (Aussehen), welches durch eine Reihe von Vorlagen bestimmt wird. Die Anpassung der Vorlagen für die Prozessdokumentation ist weitgehend eine technische Frage, keine inhaltliche.

## 4.2.1. Allgemeines zur Dokumentation

Für den Export der Prozessdokumentation wird *OpenOffice.org* benötigt. Alle Vorlagen für den Export liegen in diesem Format vor und können nur mit einem entsprechenden Werkzeug verlustfrei bearbeitet werden.

**Hinweis:** Für Microsoft Word gibt es zwar ein Plugin, mit dem OpenOffice.org-Dateien geöffnet werden können. Von der Verwendung ist jedoch abzuraten, da die Vorlagen sämtliche Intelligenz in Skripten enthalten, die durch Word nicht korrekt verarbeitet und schlimmstenfalls sogar gelöscht werden.

**config\export-templates.** Dieses Verzeichnis enthält die Vorlagen für OpenOffice.org, die die Grundlage der Erzeugung der V-Modell-Dokumentation sind. Es handelt sich dabei um Dokumentvorlagen, die die Formatierung bestimmen und festlegen, an welchen Stellen bestimmte Inhalte erscheinen sollen. Diese Vorlagen sind im ODT-Format abgelegt. In Ergänzung zu den Vorlagen gibt es noch einige ergänzende Konfigurationsdateien, die über Inhalte und Aussehen bestimmen. Die Vorlagen adressieren jeweils einen bestimmten Teil der Dokumentation (entsprechend der V-Modell-Struktur) oder Teile davon, z. B. einzelne Kapitel. Anpassungen können somit entweder global oder punktuell vorgenommen werden.

Wie die Vorlagen angepasst werden können, wird in Abschnitt 4.2.2 gezeigt.

**co...\ex...\config.xml.**[11] In den Exportvorlagen können bestimmte Tags verwendet werden, um Bilder einzubinden, Formatierungen vorzunehmen oder Bilder generieren zu lassen. Die Bezeichnungen der Tags sind in der

---

11 *co...\ex...* ist eine Abkürzung für *config\export-templates*.

Regel an HTML-Tags angelehnt, z. B. <img></img> für das Einbinden von Bildern. Die Tags und deren Funktion sind größtenteils direkt vergleichbar mit der Funktionalität von HTML. Die Datei *config.xml* beinhaltet die Zuordnung von Textmarken wie *img* zu einer bestimmten Funktionalität. Darin ist z. B. festgelegt, dass bei Verwendung von *img* ein *image-handler* gestartet werden soll, der sich um die Interpretation der übergebenen Parameter, wie z. B. den Pfad zum Bild, kümmert. Dadurch weiß der V-Modell-Export, wie er mit den Tags in den Vorlagen umzugehen hat.

Ergänzend zu den aus HTML bekannten Tags kennt der V-Modell-Export noch zusätzliche Handler. So bewirkt der Tag *vbimage* die Generierung eines Vorgehensbausteinbilds an der Stelle, an der der Tag auftritt. Dem Tag muss lediglich ein Attribut *vbid* übergeben werden, das die ID des Vorgehensbausteins beinhaltet. Um alles Weitere kümmert sich der Export. Dass der Tag *vbimage* und das Attribut *vbid* heißen müssen, definiert die Datei *config.xml*.

**co...\ex...\global.xsl.** In den Skripten zur Übernahme der Inhalte des V-Modells werden verschiedene Variablen verwendet, wie z. B. in Listing 4.1 gezeigt.

```
<xsl:for-each select="$Kapitel-4_Rolle">
    ...
</xsl:for-each>
```

**Listing 4.1:** Beispiel der Anwendung einer Variable

Die Datei *global.xsl* enthält die Definition dieser Variablen und die entsprechenden XPath-Abfragen für das Modell. Listing 4.2 zeigt die Variablendefinition in der *global.xsl*,

## 4.2. Anpassung der Prozessdokumentation

die in Listing 4.1 für die Ermittlung der Verantwortlichkeiten von Rollen verwendet wird.

```
<xsl:variable name="Kapitel-4_Rolle"
    select="$V-Modellvariante/Rollen/Rolle"/>
```

**Listing 4.2:** Definition einer Variable in *global.xsl*

**Hinweis:** Den Variablennamen wurde i. d. R. der Text *Kapitel-X* vorangestellt. Dies soll zeigen, welche Variablen in den verschiedenen Kapiteln zum Einsatz kommen. Wenn zwei Kapitel dasselbe Element verwenden, erhalten sie dazu eine eigene Variable. Technisch gesehen würde die Verwendung einer einzelnen Variable dafür genügen.

Werden in der Prozessdokumentation Informationen benötigt, die in der Standarddarstellung nicht verfügbar sind, so ist neben der Anpassung der Vorlagen, wie sie weiter unten beschrieben wird, also ggf. auch die Anpassung der Datei *global.xsl* erforderlich.

**co...\ex...\languages.xsl** Diese Datei wurde eingeführt, um die Internationalisierung des V-Modells zu erleichtern. Die Datei wird in der *global.xsl* importiert und enthält sprachspezifische Texte, die in den Vorlagen eingesetzt werden. In den Skripten der Vorlagen waren früher stellenweise Texte direkt eingetragen, die bei Durchführung des Exports direkt ausgegeben wurden. Diese Texte wurden in Version 1.3 des V-Modells durch Variablen ersetzt, deren Wertbelegungen in *languages.xsl* definiert werden. Seither benutzen die englische und die deutsche Version des V-Modells dieselben Templates, aber unterschiedliche *languages.xsl*.

**co...\ex...\viewconfig.xsl** Hierin werden die Sichten definiert, die vom Editor oder dem Projektassistenten im Ex-

136     4. V-Modell XT Technik

portdialog zur Auswahl gestellt werden sollen. Der Aufbau der Datei wird in Abschnitt 4.2.3 beschrieben.

### 4.2.2. Die Gesamtdokumentation

Wählt man beim Export im Editor oder im Projektassistenten die Option *Komplettexport* aus, sucht der V-Modell-Export im Verzeichnis *config\export-templates* nach der Datei *Gesamtdokumentation.odt*. Es handelt sich um eine Datei, die mit OpenOffice.org bearbeitet werden kann, so wie alle übrigen Exportvorlagen auch.

Diese Datei enthält in erster Linie die Informationen, die der Export benötigt, um zu erfahren, wie die Dokumentation aussehen soll und wie sie sich zusammensetzt. Dieses Dokument ist der *wichtigste* Anknüpfungspunkt für den Export, obwohl es selbst nur eine Seite umfasst und fast keinen Text enthält. Es enthält das „Startskript", das andere Vorlagen aufruft, die wiederum die Zusammenstellung der Inhalte steuern. Die Datei wird auch als ein *Mastertemplate* bezeichnet.

**Hinweis:** Es können auch andere Dateien als Mastertemplates verwendet werden. Das ist im V-Modell auch so gestaltet. Für jede Sicht, die der Export anbietet, gibt es genau ein zugehöriges Mastertemplate. Die Namen der Templates sind *Gesamtdokumentation.odt*, *Kapitel-1_Kapitel-1.odt* usw. bis Kapitel 9. Die Formatvorlagen darin wurden manuell vereinheitlicht.

Wie diese Sichten konfiguriert und somit Mastertemplates festgelegt werden, ist in Kapitel 4.2.3 beschrieben.

**XSL-Skripte in den Vorlagen.** Die Exportvorlagen können XSL-Skripte enthalten, die direkt in den Text eingebettet sind. Solche Skripte sind über eine „grüne Box" erreichbar. Das Skript wird angezeigt, wenn man einen Doppelklick auf die Box macht. Es öffnet sich ein Dialog, der das Skript vom Skripttyp *VModellXT* anzeigt. Nach diesem Skripttyp sucht der Export, während er eine Vorlage einliest. Wird ein solches Skript gefunden, führt es der Export an der Stelle des Auftretens aus. Der XSL-Code in einem Skript kann auf alle Variablen zugreifen, die in der Datei *global.xsl* definiert wurden.

**Hinweis:** Sie können solch ein Skript in OpenOffice.org anlegen, indem Sie im Menü *Einfügen* den Punkt *Script* auswählen. Setzen Sie den Skripttyp auf *VModellXT* und der Export wird Ihr Skript wie alle übrigen *VModellXT*-Skripte auch interpretieren.

**Hierarchische Exportvorlagen.** Die Exportvorlagen können hierarchisch aufgebaut sein, müssen dies aber nicht. Im Fall der V-Modell-Standardvorlagen handelt es sich um hierarchisch organisierte Vorlagen. Das bedeutet, dass in jeder Vorlage Anweisungen enthalten sein können, die steuern, dass andere Vorlagen eingebunden werden.

In der ODT-Datei *Gesamtdokumentation.odt* befinden sich diese Anweisungen in einem XSL-Skript. Darin befinden sich Aufrufe in der Form:

```
<xsl:call-template name=Kapitel-1_Kapitel-1/>
```

Das bedeutet, dass hier die Vorlage *Kapitel-1_Kapitel-1.odt* eingebunden, d. h. geladen und ausgeführt wird. Alle Inhalte, die in dieser Vorlage enthalten sind, werden an dieser Stelle in das Hauptdokument eingefügt und wiederum ausgeführt, so dass enthaltene Skripte durchlaufen werden. Dies ist die Grundlage des hierarchischen Aufbaus der Vorlagen.

Der Aufbau der Vorlagendateien im V-Modell XT ist recht komplex. Damit Sie einen leichteren Einstieg in den Umgang mit den Vorlagen finden, haben wir die Aufrufhierarchie der Exportvorlagen im Anhang B dargestellt. Der Anhang beschreibt auch die Struktur der Vorlagen für die Erzeugung der Produktvorlagen.

**Gliederungsebenen.** Die verschiedenen Gliederungsebenen, die in der Prozessdokumentation verwendet werden, sind auf OpenOffice.org-*Formatvorlagen* zurückzuführen. Bei der Gestaltung der Templates stehen für die Gliederungsebene, in der ein Text eingefasst werden soll, die folgenden Formatvorlagen zur Verfügung:

- *V-Modell-XT.Heading1*
- *V-Modell-XT.Heading2*
- ...
- *V-Modell-XT.Heading7*

*V-Modell-XT.Heading1* stellt die oberste Gliederungsebene dar, wird in der Prozessdokumentation jedoch ohne Nummerierung wiedergegeben. *Heading2* erhält die erste Nummerierung. *Heading3* ist eine Ebene tiefer. *Heading3* erzeugt z. B. Kapitelnummern wie „2.3" oder „2.4". *Heading4* und *Heading5* stellen Elemente der Gliederungsebene 3 bzw. 4 dar. *Heading6* ist auf der Gliederungsebene unter Ebene 4 platziert, allerdings wird hierbei keine Nummerierung vorgenommen. Diese Ebene erscheint nicht im generierten Inhaltsverzeichnis. *Heading7* ist ebenfalls direkt unterhalb Ebene 4, wird allerdings fünfstellig nummeriert und im Inhaltsverzeichnis eingebettet.

Soll die Gliederungsstruktur verändert oder umformatiert werden, sind die folgenden Punkte zu beachten:

**Mastertemplate:** Es gilt stets die Formatvorlage aus dem jeweiligen Mastertemplate. Eine Formatvorlage in einem abhängigen Template kann beliebig gestaltet werden. Sobald es aber eine entsprechende Formatvorlage im Mastertemplate gibt, wird diese verwendet. Die Formatvorlagen *V-Modell-XT.Heading1* etc. sind im Mastertemplate definiert. Darin ist festgelegt, wie die Textformatierung der Gliederungsüberschriften sein soll und wie die Formatvorlagen zu den Gliederungsebenen zugewiesen sind.

**Formatierung:** Um die Formatierung einer Formatvorlage zu verändern, sind in OpenOffice.org die Formatvorlagen (Stile) zu bearbeiten. Ein Weg dies zu tun ist, die Formatvorlagenansicht zu öffnen (*F11*), dann die zu bearbeitende Vorlage mit Rechtsklick auszuwählen und auf *„Ändern..."* zu klicken. Auf dem Tab *„Schrift"* kann nun die Schrift geändert werden.

**Gliederungsebenen:** Um die Gliederungsebenen neu zu gestalten, muss im Menü *„Extras"* der Punkt *„Kapitelnummerierung..."* gewählt werden. Dort ist für die gewünschten Ebenen die vorgesehene Formatvorlage einzutragen.

Es ist auch möglich, für den Export mehrere Mastertemplates vorzusehen. Die Formatvorlagen für jedes Mastertemplate können gesondert gestaltet werden. Dies hat den Vorteil einer erhöhten Flexibilität. Der Prozessingenieur ist jedoch selbst dafür verantwortlich, dass die Formatvorlagen der verschiedenen Mastertemplates zueinander passen.

Dasselbe Prinzip gilt übrigens auch für die Generierung der Produktvorlagen (siehe Abschnitt 4.3).

**Vorlagen und Skripte.** Ein gutes Beispiel, um die XSL-Funktionalität der ODT-Vorlagen zu erläutern, ist die Vorlage *Kapitel-5_Produkt.odt* (Abb. 4.2).

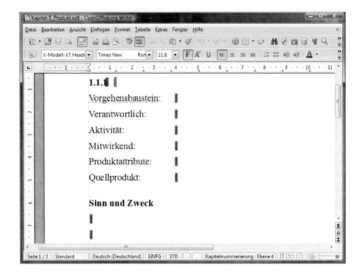

**Abb. 4.2.:** Templatebeispiel für die Produkte

Diese Vorlage wird jedes Mal dann aufgerufen, wenn der Export beim Interpretieren der übergeordneten Vorlage *Kapitel_5-Disziplin* ein Produkt im V-Modell vorfindet, z. B. das *Projekthandbuch*. Die erste Zeile der ODT-Vorlage ist mit einer Formatvorlage formatiert, in diesem Fall *V-Modell-XT.Heading4*. Diese Formatvorlage legt fest, dass der Abschnitt auf der dritten Gliederungsebene einzuordnen ist. Der Nummerierung folgt wiederum ein Skript. Ein Doppelklick auf das Skript eröffnet den Code, der in Listing 4.3 dargestellt ist.

```
<a2 name="{@id}">
        <xsl:value-of select="Name"/>
</a2>
```

**Listing 4.3:** Skript zur Ermittlung des Produktnamens

## 4.2. Anpassung der Prozessdokumentation

Dieses Skript ermittelt den Namen des Produkts, dessen Beschreibung hier in die Prozessdokumentation generiert werden soll. Der Name wird als Text an diese Stelle in die Vorlage geschrieben, allerdings nachdem ein XSL-Interpreter den Code interpretiert und bestimmte Inhalte aus der Datei *V-Modell-XT.xml* herausgeschrieben hat.

Mithilfe des Selektors `{@id}` wird der eindeutige Identifikator des aktuellen Produkts herangezogen. Im Allgemeinen wird bei XSL mittels *xsl:value-of* nach einem XML-Element gesucht. Wird es gefunden, so sucht der Interpreter den Wert des übergebenen XPath-Ausdrucks. Im Listing 4.3 handelt es sich um das Feld *Name*. Das heißt, dass geprüft wird, ob das aktuelle XML-Element einen Knoten namens *Name* enthält. Wenn das der Fall ist, dann wird dessen Wert in das zu erzeugende Exportdokument an die Stelle geschrieben, an der das Skript in der Vorlage liegt.

Nachdem der XSL-Interpreter den Code interpretiert hat, fügt der Export im Fall des Produkts *Projekthandbuch* den folgenden Text in die Vorlage ein:

```
<a2 name="7d9bf684e9bf2c">Projekthandbuch</a2>
```

Dieser Text wird anschließend noch vom Export interpretiert, der daraus erkennen kann, dass im fertigen Dokument der Text *Projekthandbuch* erscheinen soll und dieser die Bezeichnung *7d9bf684e9bf2c* erhält, damit er an anderen Stellen im Dokument referenziert werden kann. Welche Aktion der Export ausführen soll, wenn er auf ein *<a2>*-Element trifft, ist in der Datei *config.xml* konfiguriert (Abschnitt 4.2.1). Bei *<a2>* wird der sog. *Link-Handler* aufgerufen, der dafür sorgt, dass es in der Prozessdokumentation interne Verweise gibt.

## 4. V-Modell XT Technik

Wenn wir noch einmal einen Blick auf Abb. 4.2, werfen können wir in den Zeilen, die auf die Überschrift folgen, sehen, dass verschiedene Informationen zum aktuellen Produkt abgerufen werden. Es wird der Vorgehensbaustein, in dem das Produkt enthalten ist, genannt sowie die verantwortliche Rolle etc. Diese Informationen werden durch Aufruf weiterer XSL-Skripte ermittelt. Listing 4.4 zeigt z. B. das Skript, das den Vorgehensbaustein ermittelt, in dem das aktuelle Produkt liegt.

```
<prune/>
<xsl:for-each select="../..">
    <a2 href="#{@id}">
        <xsl:value-of select="Name"/>
    </a2>
</xsl:for-each>
```

**Listing 4.4:** Skript zur Ermittlung des Vorgehensbausteins

Wichtig ist das Element *prune* in der ersten Zeile. Der XSL-Interpreter ignoriert diesen Code und schreibt ihn direkt wieder heraus, sodass er vom Export interpretiert werden kann. Der Export erkennt dieses Kommando und prüft, ob das aktuelle XSL-Skript irgendeinen Text ausgibt. Sollte die Ausgabe leer sein, wird sie ignoriert und die ganze Zeile in der ODT-Vorlage, in der sich das Skript befindet, wird gelöscht. Sollte es also keinen Vorgehensbaustein geben, in dem das Produkt liegt, wird die ganze Zeile nicht im Dokument erscheinen.

Die Inhalte der Zeilen 3-5 sind eine Abwandlung von Listing 4.3. Der erste Unterschied bezieht sich auf den Kontext des Skripts (der Kontext wird bei XSL stets durch den umliegenden Code bestimmt). Der Kontext ist nun der Vorgehensbaustein anstelle des Produkts. Die zweite Abweichung befindet sich in der dritten Zeile. Dort wird, anstatt den Namen einer Marke zu definieren, eine Referenz auf eine Marke festgelegt. Das bedeutet, dass der hier erzeugte Code dafür sorgt, dass der Name eines Vorgehensbausteins in das Dokument geschrieben und als Link auf eine andere Stelle im Dokument formatiert wird.

Die Zeilen 2 und 6 legen den Kontext für den in *xsl:for-each* eingebetteten Code fest. Dazu wird der Fokus des XSL-Interpreters vom Produkt weg auf den Vorgehensbaustein gelenkt, in dem das Produkt enthalten ist. Dies geschieht durch eine XPath-Anweisung und das Auswahlkriterium „../..". Es handelt sich um eine relative Pfadangabe, die direkt zum Vorgehensbaustein führt, in dem das Produkt enthalten ist.

### 4.2.3. Konfiguration von Sichten

Sichten im V-Modell dienen dem Zweck, dem Benutzer des V-Modell-Exports eine Auswahlmöglichkeit zu geben. Er kann mit Auswahl einer Sicht entscheiden, welche Bestandteile der Dokumentation erzeugt werden sollen. Technisch gesehen entscheidet die Wahl einer Sicht darüber, welches Mastertemplate für den Export herangezogen wird.

Bis einschließlich Version 1.3 des V-Modells waren die Sichten, die bei Aufruf des Exports im Dialog angezeigt wurden, fest eingetragen und vom Anpasser nicht zu ändern. Seit dem Editor 3.3.4 werden die Sichten in der Datei *viewconfig.xml* im Ordner *config\export-templates* konfiguriert, was die Flexibilität bei der Anpassung der Prozessdokumentation steigert. Listing 4.5 enthält einen Auszug aus der Datei *viewconfig.xml*. Darin ist eine *ViewGroup* „V-Modell-XT ViewGroup" definiert. Innerhalb der View-

Group kann eine beliebige Menge von Views definiert werden. Jede View hat drei Attribute (Tabelle 4.3).

```xml
<export-config>
    <ViewGroup name="V-Modell-XT_ViewGroup" desc="
        The_RootViewGroup">
        <View name="Komplettexport" src="
            Gesamtdokumentation.odt" group="all"/>
        <View name="Teil_1:_Grundlagen_des_V-Modells
            " src="Kapitel-1_Kapitel-1.odt" group="
            all"/>
        <!-- noch mehr Views -->
    </ViewGroup>
</export-config>
```

**Listing 4.5:** Ausschnitt aus der viewconfig.xml

| Eigenschaft | Beschreibung |
|---|---|
| name | Der Anzeigename, der im Export-Dialog zur Auswahl gestellt wird. |
| src | Verweis auf die ODT-Datei, die für diese Sicht als Mastertemplate dienen soll. |
| group | Ist nicht konfigurierbar, der Editor braucht den Eintrag jedoch und der Wert muss auf *all* gesetzt sein. |

**Tabelle 4.3.:** Eigenschaften der Konfiguration von Views

Über die *View*-Einträge wird im Standard sowohl für den Editor als auch für den Projektassistenten gesteuert, welche Teile zum Export der Prozessdokumentation angeboten werden.

**Hinweis:** Der Editor liest aus der *viewconfig.xml* immer nur eine View-Group aus. Falls mehrere ViewGroups in der Datei eingetragen sind, übernimmt der Editor stets nur die letzte.

Werden die Sichten so angepasst, dass z. B. Teile der Prozessdokumenation nicht exportiert werden, erfolgt dies an zwei Stellen. Einerseits sind die Views wie in Listing 4.5 gezeigt zu konfigurieren. Das Resultat dieser Konfiguration ist in Abb. 4.3 dargestellt.

**Abb. 4.3.:** Exportdialog mit konfigurierten Views

**Hinweis:** Wenn Sie eine Anpassung des V-Modell XT 1.3 vornehmen, beachten Sie bitte, dass in dieser Version die Sichten noch nicht anpassbar waren. Nichtsdestotrotz wurde dem Modell bereits eine *viewconfig.xml* beigelegt. Darin sind jedoch alle Sichten auskommentiert. Wenn Sie diese Datei als Vorlage für Ihre eigene Sichtenkonfiguration verwenden möchten, müssen Sie die Kommentarzeichen entfernen. Zukünftige Versionen des V-Modell XT enthalten eine korrekte *viewconfig.xml*.

Diese Konfiguration sorgt jedoch nur dafür, dass die Exportoptionen eingeschränkt werden. Problematisch ist die erste Exportoption *Komplettexport*. Diese referenziert die ODT-Vorlage für die Gesamtdokumentation, welche *selbst* steuert, wie sie sich zusammensetzt.

Soll nun der Aufbau der Gesamtdokumentation konsistent mit den Optionen der Exportdialoge sein, muss dies auch in der Datei *Gesamtdokumentation.odt* konfiguriert werden. Um im Komplettexport dieselbe Struktur zu erhalten, wie sie im Listing 4.5 für die Werkzeuge konfiguriert wird, ist das entsprechende Skript wie in Listing 4.6 gezeigt anzupassen.

```
<xsl:call-template name="Kapitel-1_Kapitel-1"/>
<!-- Diese Teile sollen in den Export nicht
  eingebunden werden...
  ... also auskommentieren...
  <xsl:call-template name="Kapitel-2_Kapitel-2"/>
  <xsl:call-template name="Kapitel-3_Kapitel-3"/>
  ... -->
```

**Listing 4.6:** Anpassung der Struktur der Prozessdokumentation

### 4.2.4. Einschränkungen der Exportvorlagen

Grundsätzlich ist der Exportprozess sehr flexibel und gestattet eine weitreichende Einflussnahme auf die Gestaltung der Prozessdokumentation. Jedoch sind nicht alle Aspekte des Exports vollständig flexibilisiert. Auf die starren Anteile des Exports, die Einfluss auf das Ergebnis einer Anpassung haben, wird in diesem Abschnitt eingegangen.

**Hinweis:** Bitte beachten Sie, dass die folgenden Probleme in zukünftigen Versionen des V-Modells behoben sein können. In der Version 1.3 sind sie vorhanden und können für Frust bei der Umsetzung eigener Änderungen führen.

**Feste V-Modell-Teile.** Die Dokumentation des V-Modells ist in Teile untergliedert. Für jeden V-Modell-Teil gibt es eine eigene ODT-Vorlage, die definiert, wie der Teil dargestellt werden soll.

Die Teile werden allerdings in den Vorlagen einzig und allein über ihre *id* identifiziert. Wird ein neuer Teil ergänzt oder erhält einer der ursprünglichen Teile eine andere *id*, erkennt die zugehörige ODT-Vorlage diesen Teil nicht und er erscheint nicht in der exportierten Dokumentation.

**Beispiel:** Sie können das nachvollziehen, indem Sie z. B. die ODT-Vorlage *Kapitel-1_Kapitel-1.odt* und die Datei *global.xsl* ansehen. Im Dokument wird im ersten Skript für alle XML-Elemente, die durch den XPath-Ausdruck *$Kapitel-1_V-Modell-Teil* gefunden werden, eine Dokumentation erzeugt. Bei dem XPath-Ausdruck handelt es sich um eine Variable, die in *global.xsl* definiert wurde. Wegen dieser Variable kann nur genau ein Teil mit der spezifizierten *id* hier einen Treffer erzeugen.

Soll im Export also auch ein neuer bzw. geänderter Teil eingebunden werden, muss die *id* des Teils als Variable ergänzt werden.

**GenerierterInhalt.** Das Metamodell stellt einen Mechanismus bereit, der suggeriert, die Zusammensetzung von Kapiteln in der Dokumentation flexibel beeinflussen zu können. Das Attribut *GenerierterInhalt* wird verwendet, um anzuzeigen, dass speziell formatierte Informationen an eine gewünschte Stelle generiert werden.

**Beispiel:** In Teil 5 der Dokumentation gibt es ein Kapitel, das selbst keinen Text enthält. Der Wert des Attributs *GenerierterInhalt* ist jedoch auf *Elemente:Produkte* gesetzt. Der Export interpretiert diesen Wert und ruft an dieser Stelle alle Templates auf, die für die Generierung der Dokumentation der Produkte vorgesehen sind.

Das Problem hierbei ist jedoch, dass die ODT-Vorlagen in Version 1.3 nur genau an den Stellen nach dem nötigen Wert Ausschau halten, an denen er in der Standarddokumentation auftritt. Das bedeutet, dass in einem Kapitel aus Teil 4 zwar ein Attribut *GenerierterInhalt* den Wert *Elemente:Produkte* erhalten kann, aber das ODT-Template für Teil 4 diesen Wert ignoriert, da es ihn nicht explizit abfragt. Das geschieht nur im ODT-Template für Teil 5. Nur dort gibt es in der Vorlage *Kapitel-5_Kapitel.odt* die Abfrage, die genau nach dem nötigen Wert sucht:

```
<xsl:when test="@GenerierterInhalt='
    Elemente:Produkte'">
```

Dieser Code muss in anderen ODT-Dateien ergänzt werden, wenn der Wert beachtet werden soll.

## 4.3. Anpassung der Produktvorlagen

Eine wesentliche Eigenschaft des V-Modells ist die Option, direkt und projektspezifisch angepasste Produktvorlagen zu generieren. Die Inhalte und die Struktur wird wieder durch das (organisations- oder projektspezifische) V-Modell definiert. Das Format wird analog zur Prozessdokumentation über eine Vorlage vorgegeben.

### 4.3.1. Allgemeines zu Produktvorlagen

Die Anpassung der ODT-Vorlagen für die Produktvorlagen des V-Modells erfolgt in derselben Weise wie die Anpassung der Prozessdokumentation (Abschnitt 4.2). Auch hier ist die technische Grundlage OpenOffice.org. Diese Software wird verwendet, um die Inhalte des V-Modells zu den Produktvorlagen zusammenzustellen und die verschiedenen Exportformate zu erzeugen.

**config\oo-template-templates.** Die Produktvorlagen werden auf Basis einer Reihe von ODT-Vorlagen erzeugt, die im Ordner *config\oo-template-templates* zu finden sind. Das zentrale Dokument ist die Datei *Produktvorlage.odt*. Diese Datei enthält alle Formatvorlagen und die grundlegende Dokumentstruktur, also Deckblatt, Dokumentinformationen und das Änderungsverzeichnis. Die anderen

Dateien enthalten untergeordnete Formatinformationen und werden analog zu den ODT-Vorlagen der Prozessdokumentation durch die Datei *Produktvorlage.odt* eingebunden. Zum Einsatz kommen auch hier wieder XSL-Skripte. Die Inhalte und Formatdefinitionen in diesem Ordner gelten global für *alle* generierten Produktvorlagen.

**4.3.2. Produktvorlagen**

Die Datei *Produktvorlage.odt* ist im Standard zentraler Bestandteil der Produktvorlagengenerierung und entspricht somit der Datei *Gesamtdokumentation.odt* der Prozessdokumentation (Abschnitt 4.2.2). Die Bearbeitung erfolgt in OpenOffice.org (vgl. Abb. 4.4).

In der Vorlage sind bereits die wesentlichen Strukturen hinterlegt. Diese Strukturen bzw. der Umgang mit den Vorlagen wird auch im V-Modell-Teil 9 *Vorlagen* beschrieben. Die Produktvorlagen erhalten über die Datei *Produktvorlage.odt* ein gemeinsames Aussehen und eine einheitliche Struktur. Es wird z. B. sichergestellt, dass alle Produktvorlagen ein Deckblatt oder ein Änderungsverzeichnis haben. In Abb. 4.4 sind auch die OpenOffice.org-Skript-Felder zu sehen. Die Dokumentinformationen aus dem V-Modell-Kontext, z. B. der Produkttyp, die Verantwortlichkeit oder die Mitwirkungen werden automatisch in die Vorlage generiert.

Auch das Produktzustandsmodell des V-Modells findet sich hier wieder. Allerdings wird dieses nicht aus dem V-Modell heraus generiert, sondern ist fest in der Vorlage hinterlegt. Wird im Kontext einer Anpassung dieses Zustandsmodell geändert, muss die Änderung auch direkt in der Datei *Produktvorlage.odt* angepasst werden.

150  4. V-Modell XT Technik

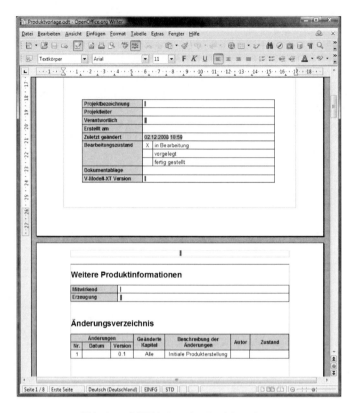

**Abb. 4.4.:** ODT-Vorlage für Produktvorlagen

Während die Grundstruktur durch die Datei *Produktvorlage.odt* fest vorgegeben ist, werden die Vorlageninhalte aus dem zugrunde liegenden V-Modell ermittelt. Abbildung 4.5 zeigt den Einsprungpunkt der Vorlage.

Das erste Skript unter der Überschrift *Einleitung* dient dazu, die Produktbeschreibung aus dem V-Modell (Inhalt

**Abb. 4.5.:** Platzhalter für die Vorlageninhalte

des Felds *Sinn und Zweck*) zu übernehmen. Das zweite Skript (Listing 4.7) setzt dann die Vorlage auf Basis des V-Modells zusammen.

```
<prune/>
<xsl:for-each select="$Template/Produkt/Kapitel/
    Kapitel">
  <xsl:call-template name="Kapitel"/>
</xsl:for-each>
```
**Listing 4.7:** Skript zur Generierung der Kapitelstruktur

Aus dem Ordner *config\oo-template-templates* wird die Datei *Kapitel.odt* aufgerufen, die die Vorlage für ein einzelnes Kapitel enthält. Für jedes Thema, das im (projektspezifischen) V-Modell für das aktuelle Produkt verfügbar ist, wird ein Kapitel angelegt.

**Inhaltliche Produktabhängigkeiten.** Die erzeugenden Abhängigkeiten werden durch die Vorlagen bereits in den Dokumentinformationen (Abb. 4.4, Erzeugung) eingebettet. Um die Qualitätssicherung der Produkte zu unterstützen, werden in den Vorlagen auch die inhaltlichen Produktabhängigkeiten berücksichtigt. Dazu werden im Kapitel *Vorgaben zur Prüfung des Dokuments* in der Datei *Produktvorlage.odt* diese Informationen aus dem V-Modell bezogen und eingefügt.

#### 4.3.3. Konfiguration von Sichten

Wie beim Export der Prozessdokumentation (siehe Abschnitt 4.2.3) können auch für den Produktvorlagenexport verschiedene Sichten definiert werden. Dazu muss im Ordner *config\oo-template-templates* die Datei *viewconfig.xml* (Listing 4.8) angepasst werden.

```
<export-config>
  <ViewGroup name="Template_ViewGroup" desc="The_
     RootViewGroup">
      <View name="Produktvorlagen" src="
         Produktvorlage.odt" group="all"/>
  </ViewGroup>
</export-config>
```
**Listing 4.8:** Konfiguration von Sichten für Produktvorlagen

Der Aufbau dieser Datei entspricht der *viewconfig.xml* der Prozessdokumentation.

### 4.4. Anpassung der Bilderquellen

Die Prozessdokumentation kann Texte und Abbildungen kombinieren. Die Abbildungen fallen in die Kategorien

- manuell erstellte Bilder
- automatisch generierte Bilder

Für den Umgang mit den Bildern und deren Bearbeitung sind jeweils unterschiedliche Verfahren und Werkzeuge notwendig.

### 4.4.1. Allgemeines zu Bildern

Die V-Modell-Werkzeuge erwarten die Bilder in den Ordnern *images* und *webimages*. Im Ordner *images* befinden sich die hochauflösenden Bilder für den Export der Prozessdokumentation. Die Bilder werden im GIF-Format gespeichert. Nachdem die Bilder im *images*-Ordner abgelegt wurden, wird der Ordner *webimages* ebenfalls mit Bildern befüllt. Sie werden für die HTML-Dokumentation aus den Bildern im *images*-Ordner erzeugt, indem eine Umwandlung in eine niedrigere Qualität vorgenommen wird.

### 4.4.2. Manuell erstellte Bilder

Der Ordner *Bilderquellen* des Referenzmodells enthält die Quelldateien für die manuell erstellten Bilder, sodass es möglich ist, Bilder aus dem öffentlichen V-Modell an die eigenen Bedürfnisse anzupassen. Die Quelldateien liegen im Format *Microsoft Visio* vor. Dieses Programm wird auch benötigt, um die GIF-Bilder aus den Quellen heraus zu erzeugen.

**Hinweis:** Die Verwendung von Microsoft Visio ist für die Bilder nicht zwingend nötig. Visio wird nur gebraucht, wenn man die bereits vorhandenen Bilderquellen weiterverwenden und bearbeiten möchte. Es lassen sich eigene GIF-Bilder mit jedem beliebigen Werkzeug erstellen, das Bilder in diesem Format erzeugen kann. Wichtig für den Export der Prozessdokumentation sind nur die GIFs.

**Erzeugung der Bilder mit Visio.** Nach Bearbeitung der Bilderquellen kann für jedes geänderte Bild eine GIF-Datei erzeugt werden, indem man mit dem Menüpunkt

*Datei → Speichern unter...* den Export wählt und im daraufhin angezeigten Dialog das *Graphics Interchange Format* (GIF) auswählt. Als Zielverzeichnis wird der Ordner *images* festlegt. Bei den GIF-Ausgabeoptionen sind folgende Einstellungen vorzunehmen:

- Auflösung: 300x300 dpi
- Größe: Quelle

Die Umwandlung der hochauflösenden Bilder im Ordner *images* zu den skalierten Bildern im Ordner *webimages* kann z. B. mithilfe des Werkzeugs ImageMagick[12] erfolgen. Es ist wichtig, dass das erzeugte Bild denselben Namen trägt wie die Quelle. Die Konvertierung erfolgt durch folgenden Aufruf über die Kommandozeile:

```
convert images\x.gif -resize 1024x768
     webimages\x.gif
```

*x.gif* ist hierbei das Bild, das konvertiert werden soll.

**Bilder in der PDF-Dokumentation.** Bilder in der PDF-Dokumentation, die eine Breite von exakt 2015 Pixeln haben, nehmen im PDF-Dokument die volle Breite der Seite ein. Bilder, die kleiner sind, werden proportional kleiner dargestellt. Bilder, die mindestens 2016 Pixel breit sind, werden um 90° gedreht. Ein Beispiel solch eines gedrehten Bildes ist die Darstellung der strukturellen Produktabhängigkeiten in Teil 5 der V-Modell-Dokumentation, Kapitel 2.2.[13]

**Bilder in der HTML-Dokumentation.** Die Darstellung der Bilder in der HTML-Dokumentation wird folgenderma-

---

[12] http://www.imagemagick.org
[13] Das Bild hat eine Breite von 2363 Pixeln. Diese Angaben beziehen sich auf das Verhalten des Exports in Release 1.3.

ßen vorgenommen. Bilder werden im Browser unskaliert dargestellt, solange sie in das Fenster passen. Wenn das Fenster kleiner wird als die Bilder, wird das Bild entsprechend skaliert.

Dieses Verhalten kann beeinflusst werden, indem die Datei *style.css* im Ordner *config\export-templates\html_export* bearbeitet wird. In Release 1.3 ist dort in den Zeilen 27–29 festgelegt, dass Bilder (*img*) maximal 95% der Breite einnehmen sollen (*max-width*).

**Hinweis:** Wenn Sie Ausnahmen für einzelne Bilder vornehmen möchten, schauen Sie sich die Zeilen 31–33 an. Dort ist definiert, dass *images/ALLG-Logo-Blau.gif* genau 50% der Breite einnehmen soll.

### 4.4.3. Automatisch generierte Bilder

Seit dem V-Modell 1.3 werden die Bilder für die Projektdurchführungsstrategien (PDS) und die Vorgehensbausteine (VB) in der Dokumentation nicht mehr per Hand in Visio gezeichnet, sondern generiert. Der Bildergenerator nimmt dazu als Vorgabe die Ablaufinformationen bzw. die Vorgehensbausteinstrukturen, die im V-Modell modelliert sind.

**PDS-Bilder.** Es gibt eine Layoutvorgabe für die Bilder der Projektdurchführungsstrategien, die im Verzeichnis *config\layouts* gespeichert ist. Diese Vorgabe ist für jede PDS einzeln in einer ODT-Datei gespeichert.

Zusätzlich zur Generierung eines PDS-Bildes ist der Export auch in der Lage, eine Beschreibung mit Bildausschnitten zu jedem Übergang innerhalb der PDS zu generieren.

## 156   4. V-Modell XT Technik

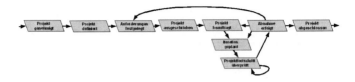

**Abb. 4.6.:** Generierte PDS (manuelles Layout)

Ein automatisch generiertes Bild einer Projektdurchführungsstrategie ist in Abb. 4.6 gezeigt. Bei der Entwicklung des Bildergenerators wurde entschieden, dass auf ein manuelles Layout für die generierten Ablaufbilder nicht verzichtet werden kann. Deshalb wurde kein Aufwand für die Berechnung eines gefälligen Layouts betrieben, wie unschwer aus Abb. 4.7 ersichtlich ist. Die Abbildung zeigt das automatisch erzeugte Layout, wenn der Bildergenerierung keine manuellen Layoutinformationen zur Verfügung stehen.

Die Generierung von PDS-Bildern steht natürlich auch dem Ersteller eines organisationsspezifischen V-Modells zur Verfügung. Der XML-Knoten einer Projekttypvariante enthält einen Kindknoten *DateinameLayout* bzw. *Dateiname für die Layout-Datei (Bildergenerierung)*. Nach der dort eingetragenen ODT-Datei sucht die Bildergenerierung nach einem manuell erstelltem Layout. Die Datei wird im Verzeichnis *config\layouts* gesucht. Findet die Bildergenerierung keine entsprechende Datei, wird eine Datei angelegt und ein automatisches Layout erzeugt (vgl. Abb. 4.7). Liegt eine Layoutdatei vor, liest die Bildergenerierung sie aus, vergleicht die Inhalte mit den modellierten Ablaufinformationen und nimmt ggf. Korrekturen vor. Mit dem Resultat erzeugt die Bildergenerierung das GIF-Bild der Projektdurchführungsstrategie, al-

## 4.4. Anpassung der Bilderquellen

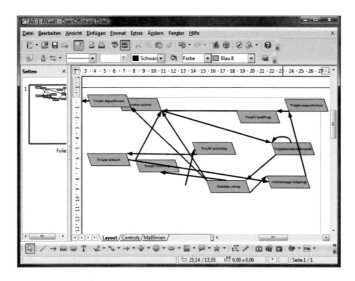

**Abb. 4.7.:** Generierte PDS (automatisches Layout)

lerdings wird dabei die vorgefundene Layout-Datei *nicht* überschrieben.

Die Bildergenerierung erzeugt für jede Projekttypvariante genau eine Abbildung der Projektdurchführungsstrategie. Die Ablaufinformationen, die dabei zugrunde gelegt werden, entsprechen den Ablaufbausteinspezifikationen und Ablaufbausteinen, die durch die Projekttypvariante und ihren Projekttypen, sowie ggf. den im Projektassistenten ausgewählten Projektmerkmalen herangezogen werden (siehe Kapitel 3.1.5 und 3.1.6).

**Integrierte vs. isolierte Darstellung.** In manchen Fällen wird ein Ablaufbaustein isoliert dargestellt, d. h. aus dem

Ablauf herausgelöst. Bereits vor Version 1.3 des V-Modell gab es diese Darstellungsweise: Der Unterauftrag wird bereits seit Version 1.2 in einem eigenen Ablaufkasten wiedergegeben. Für Version 1.3 wurde diese Darstellung übernommen, allerdings besteht seither die Möglichkeit, diesen Sachverhalt zu modellieren. *BedingteAblaufbausteine*, die in Projekttypvarianten herangezogen werden, haben ein Feld *Darstellung*. Dieses Feld kann entweder den Wert *integriert* oder *isoliert* erhalten. Ein integrierter Ablaufbaustein wird für die betreffende Projekttypvariante wie gewohnt dargestellt. Ein isolierter Ablaufbaustein erhält einen eigenen Ablaufkasten. An der Stelle, an der ein Ablaufbausteinpunkt platziert ist, der zu diesen Ablaufbaustein passt, wird ein Platzhalter mit demselben Namen wie der Ablaufkasten eingefügt.

**Designmodus.** Das Installationsverzeichnis des Editors enthält die Datei *regenerateLayouts.bat*. Damit lässt sich die Bildergenerierung im *Designmodus* starten. Der Designmodus geht jede PDS durch und

- legt eine ODT-Datei dafür in *config\layouts* an, falls nicht bereits eine existiert, bzw.
- lädt, prüft auf Konsistenz und überschreibt eine ggf. bereits vorhandene ODT-Datei.

Das Skript lässt sich über die Kommandozeile ausführen und benötigt als Eingabeparameter zwei Angaben. Der erste Parameter ist der vollständige Pfad zur XML-Datei mit dem V-Modell. Der zweite Parameter ist der Pfad zur OpenOffice.org-Anwendung *soffice.exe* (z. B. unter Windows im Ordner *App\openoffice\program* des Installationsverzeichnisses). Folgende Schritte sind durchzuführen:

## 4.4. Anpassung der Bilderquellen

**Schritt 1: (Vorbedingung)** Es müssen alle Ablaufbausteine erstellt und zu einer Projektdurchführungsstrategie verknüpft werden, indem in einer Projekttypvariante der enthaltende Ablaufbaustein über die Referenz *Projektdurchführungsstrategie* definiert wird.

**Schritt 2:** In der Projekttypvariante, zu der eine Abbildung für die Projektdurchführungsstrategie erstellt werden soll, muss im Editor im Feld *Dateiname für die Layout-Datei* ein Dateiname angegeben werden. Dieser sollte auf *.ODT* enden.

**Schritt 3:** Es muss die Datei *regenerateLayout.bat* aufgerufen werden. Diese liegt im Installationsverzeichnis des Editors und legt für jede Projekttypvariante, die in o.g. Feld einen Wert hat, eine entsprechend benannte ODT-Datei an.

**Schritt 4:** Die angelegte ODT-Datei kann mit *OpenOffice.org* bearbeitet werden.

Wenn beide Parameter korrekt angegeben wurden, geht die Bildergenerierung für alle im Modell enthaltenen Projekttypvarianten über die Layouts im Verzeichnis *config\layouts*, prüft die Integrität, nimmt ggf. Korrekturen vor und überschreibt das vorhandene Layout mit dem Resultat. Ist eine Layoutdatei noch nicht vorhanden, wird sie neu erstellt.

**Hinweis:** Die Bildergenerierung erzeugt für eine Projekttypvariante stets Bilder für die maximal denkbare Tailoringausprägung. Das heißt, das erzeugte Bild enthält alle Entscheidungspunkte, die in der Projekttypvariante auftreten können, selbst wenn es Tailoringkombinationen geben sollte, in denen sich Entscheidungspunkte gegenseitig ausschließen.

Die manuelle Bearbeitung der Layoutdatei erfolgt mittels OpenOffice.org. Öffnet man die Datei, sieht man direkt das Layout und kann es bearbeiten.

**Wichtige Hinweise.** Für die Bearbeitung sind die folgenden Punkte zu berücksichtigen:

**Objektgruppen:** Die Bildergenerierung arbeitet mit Objektgruppierungen. Die Gruppierungen dürfen auf *keinen Fall* aufgelöst werden, da bei der Auflösung auch die Objekt-Identifikatoren gelöscht werden, die von der Bildergenerierung benötigt werden.

**Gruppierung betreten:** Um Elemente bearbeiten zu können, müssen die Gruppierungen mit einem Doppelklick (alternativ: Kontextmenü *Gruppierung betreten...*) betreten werden. Erst innerhalb der Gruppierung kann ein einzelnes Element, z. B. ein Entscheidungspunkt bearbeitet werden.

**Bearbeitung:** Die erlaubten Bearbeitungsfunktionen sind vielfältig. Schriftarten, Farben oder Pfeilformen können beliebig angepasst werden. Auch zusätzliche Elemente können im Bild platziert werden.

**Pfeile:** Die Verbindungspfeile dürfen ebenfalls bearbeitet werden, allerdings muss man hier mit Bedacht herangehen. Die Verbindungspfeile müssen für die Bildergenerierung erkenntlich nach der Bearbeitung noch an dasselbe Objekt geknüpft sein. Die Pfeilenden müssen mit den kleinen Kreuzen verbunden werden, die in OpenOffice.org für jeden Entscheidungspunkt angezeigt werden.

Die Erhaltung der Identifikatoren ist zwingend für die Übernahme des angepassten Layouts. Ist diese Voraussetzung bei der Bildergenerierung nicht mehr erfüllt, nimmt die Bildergenerierung selbstständig Korrekturen vor. Das bedeutet in den meisten Fällen die Neuerstellung der betroffenen Strukturen bei Beibehaltung der veränderten, wobei i. d. R. Duplikate im Layout entstehen.

## 4.4. Anpassung der Bilderquellen

**Export der generierten Bilder.** Es lässt sich konfigurieren, an welchen Stellen in der Prozessdokumentation (siehe Abschnitt 4.2) die Bildergenerierung angestoßen und das erzeugte Bild bzw. die zusammengestellte PDS-Beschreibung angezeigt werden soll. In den Exportvorlagen des Standards findet die Einbindung in der ODT-Vorlage *Kapitel-3_Projekttypvariante.odt* statt, die verantwortlich für die Erzeugung der Dokumentation der Projekttypvarianten ist. Im Skript nach der Überschrift *Projektdurchführungsstrategie* befindet sich der Aufruf *<ptvimage ptvid="..."/>*. Die Bedeutung ist, dass an dieser Stelle die Grafik für die Projekttypvariante mit der angegebenen *id* eingefügt wird. Die *id* wird an dieser Stelle aus dem Kontext ermittelt.

Nur wenige Zeilen darunter befindet sich der Aufruf *<generateptv ptvid="..."/>*, der für die Erzeugung des detaillierten Beschreibungstexts des PDS-Ablaufs verantwortlich ist.

---

Tipp:

Wenn Sie eine neue Projekttypvariante definieren, die lediglich leichte Änderungen an den Abläufen im Vergleich zu einer Projektdurchführungsstrategie aus dem V-Modell-Standard enthält, können Sie einen kleinen Trick anwenden, um nicht das gesamte Layout noch einmal neu setzen zu müssen. Kopieren Sie einfach die Layout-Datei der Projekttypvariante, deren Abläufe Sie übernehmen möchten und benennen Sie sie so, wie in ihrer Projekttypvariante im Feld *DateinameLayout* definiert. Wenn Sie nun die Bildergenerierung im Designmodus starten, wird die Bildergenerierung die anfallenden Korrekturen vornehmen und nicht geänderte Modellinhalte belassen. Beachten Sie, dass ggf. Duplikate von Pfeilen und Ablaufentscheidungspunkten erzeugt wurden, die sich deckungsgleich überlagern. Durch Umherschieben finden Sie sich überlagernde Teile.

---

**Vorgehensbausteinbilder.** Die Bilder für Vorgehensbausteine werden ebenfalls automatisch durch den Bilderexport generiert. Abbildung 4.8 zeigt ein Beispiel. In den Exportvorlagen des Standards findet die Einbindung in der ODT-Vorlage *Kapitel-3_Vorgehensbaustein.odt* statt.

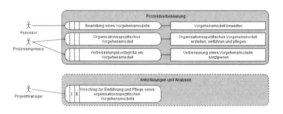

**Abb. 4.8.:** Generiertes Vorgehensbausteinbild

Listing 4.9 zeigt das Skript, das die Bildergenerierung anstößt und das generierte Bild in die Prozessdokumentation einbindet.

```
<reinterpret>
<xsl:choose>
    <xsl:when test="Produkte/Produkt">
    <reinterpret>
        <xsl:text><![CDATA[<vbimage vbid="]]></
        xsl:text><xsl:value-of select="current()
        /@id"/><xsl:text><![CDATA["/>]]></
        xsl:text>
    </reinterpret>
        <xsl:text><![CDATA[<p><i>Abbildung [ALLG-VB-
        ]]></xsl:text><xsl:value-of select="
        current()/@id"/><xsl:text><![CDATA[]:
        Vorgehensbaustein ]]></xsl:text><
        xsl:value-of select="current()/Name"/><
        xsl:text><![CDATA[</i></p>]]></xsl:text>
    </xsl:when>
    ...
```
**Listing 4.9:** Skript zur Einbindung der Vorgehensbausteinbilder

Anders als bei den Bildern der Projektdurchführungsstrategien gibt es für die Vorgehensbausteinbilder keinen Designmodus. Die Abbildungen werden *immer* automatisch generiert. Ist dies nicht erwünscht, muss im entsprechenden Exportskript die Generierung der Bilder deaktiviert werden. Dann sind die Bilder jedoch wieder auf Basis der Bilderquellen über den manuellen Export zu erzeugen und von Hand in das Modell einzubinden. Dieses Verfahren ist jedoch nicht zu empfehlen, da es auch Eingriffe in das Referenzmodell erfordert.

## 4.5. Entwicklungsumgebung

Bei der organisationsspezifischen Anpassung des V-Modells unter Verwendung des Konzepts der Erweiterungsmodelle kann das angepasste V-Modell nicht unmittelbar an die Anwender weitergegeben werden. Zuerst müssen die Teilmodelle, d. h. das Erweiterungs- und das Referenzmodell, zusammengeführt werden. Die Zusammenführung ist erforderlich, damit den V-Modell-Werkzeugen ein gültiges organisationsspezifisches V-Modell zur Verfügung steht. Erst *nach* der Zusammenführung kann das Resultat verwendet werden, um daraus mit dem Editor eine Prozessdokumentation zu erzeugen oder um das Modell in den Projektassistenten zu laden.

### 4.5.1. Konfiguration von Varianten

Beim Anlegen eines Erweiterungsmodells entsteht eine neue *V-Modell-Variante*, die auch technisch konfiguriert werden muss. Die Konfiguration ist nötig, um die Zusammenführung des Erweiterungsmodells mit dem nachgenutzten Referenzmodell zu ermöglichen. Für jede Variante des V-Modells, einschließlich des Referenzmodells, enthält eine Konfigurationsdatei einen XML-Knoten namens *Variante*. Jeder dieser Knoten definiert vier Einstellungen, die für diese Variante gelten (Tabelle 4.4).

| Eigenschaft | Beschreibung |
|---|---|
| Name | Angezeigter Name der Variante bei der Zusammenführung. |
| Verzeichnis | Ablageverzeichnis der XML-Datei, die das Modell für diese Variante enthält. Die Angabe muss relativ zum Ablageort der Konfigurationsdatei vorgenommen werden. Als Verzeichnisseparator sollte „/" verwendet werden, z.B. ../*Modell*. |
| Dateiname | Name der XML-Datei des Erweiterungsmodells im angegebenen Verzeichnis. |
| Referenz-varianteRef (optional) | Verweis auf die zu erweiternde Variante. Im Fall des Referenzmodells wird diese Referenz leer gelassen, da das Referenzmodell kein weiteres Modell erweitert. Im Erweiterungsmodell wird hier die jeweilige Referenzvariante ausgewählt. |

**Tabelle 4.4.:** Eigenschaften der Variantenkonfiguration

Die Konfigurationsdatei wird mit dem Editor erstellt und bearbeitet (vgl. Abb. 4.9). Dazu muss die Schemadatei *variantconfig.xsd* aus dem Unterverzeichnis *res* des Installationsverzeichnisses des Editors an den Bearbeitungsort kopiert werden.[14] Ist die Schemadatei am richtigen Ort

---

14 Im Rahmen dieses Kapitels gehen wir davon aus, dass der Ablageort der Konfigurationsdatei der Ordner *variantconfig* aus Abb. 3.12 ist.

## 4.5. Entwicklungsumgebung

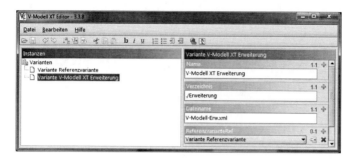

**Abb. 4.9.:** Beispiel einer V-Modell-Variantenkonfiguration

verfügbar, kann sie im Editor verwendet werden, um eine Variantenkonfiguration anzulegen. Folgende Schritte sind dazu erforderlich:

**Schritt 1:** Starten des Editors.

**Schritt 2:** Anlegen eines neuen Dokuments mit der Option „*Neues Dokument zu einem Schema*" oder über den Menüpunkt *Datei → Neu → von Schema*.

**Schritt 3:** Auswahl des Schemas in der Datei *variantconfig.xsd*, z. B. im Ordner *variantconfig*.

**Schritt 4:** Der V-Modell Editor legt daraufhin eine leere, dem Schema entsprechende XML-Datei an. Die Datei sollte direkt gespeichert werden, um sicherzugehen, dass sie auch an der richtigen Stelle landet. Ein beispielhafter Name ist *variantconfig.xml*.

Nun können alle benötigten Varianten konfiguriert werden. Das Feld *ReferenzvarianteRef* ist im Editor als Auswahlfeld realisiert. Dort stehen alle in der Datei eingetragenen Varianten zur Auswahl. Das Referenzmodell darf hier jedoch keinen Wert erhalten, da es die Wurzel des Modellbaums ist.

## 4. V-Modell XT Technik

---

**Beispielhafte Varianten in der Variantenkonfiguration**

Varianten
- Variante Referenzmodell
  - Name: V-Modell XT
  - Verzeichnis: ../Modell
  - Dateiname: V-Modell-XT.xml
  - ReferenzvarianteRef: {keine Auswahl getroffen}
- Variante Erweiterungsmodell
  - Name: V-Modell XT ORG
  - Verzeichnis: ../Modell ORG 1
  - Dateiname: V-Modell-XT-Org1.xml
  - ReferenzvarianteRef: {Referenzmodell}

---

Für die Nutzung des Erweiterungskonzepts ist eine eigene XML-Datei für das Erweiterungsmodell nötig. Das Anlegen eines solchen Modells wird in Kapitel 3.2 beschrieben.

**Hinweis:** Aus technischen Gründen muss die Verbindung zwischen Erweiterungsmodell und Referenzmodell sowohl direkt in der XML-Datei des Erweiterungsmodells als auch in der Variantenkonfiguration eingetragen werden. Sie sollten darauf achten, dass die Angaben konsistent zueinander sind!

Wenn alle Angaben korrekt eingetragen wurden, lässt sich mit dem V-Modell Editor eine Zusammenführung von Erweiterungsmodell und Referenzmodell durchführen.

### 4.5.2. Schritte der Zusammenführung

Das Datei-Menü des Editors hat einen Eintrag *„V-Modelle zusammenführen"*. Bei Anklicken erscheint ein Dialog, in dem zunächst die Variantenkonfiguration ausgewählt werden muss (siehe Kapitel 4.5.1). Anschließend kann man die Variante wählen, die zusammengeführt werden

## 4.5. Entwicklungsumgebung 167

soll, sowie das Zielverzeichnis angeben. Das Erzeugnis lässt sich dann im Editor bzw. mit dem Projektassistenten öffnen. Damit kann man arbeiten wie mit dem Referenzmodell, sofern keine Fehler enthalten sind.

**Hinweis:** Das Erweiterungsmodell sowie das Referenzmodell dürfen während der Zusammenführung nicht mit einem Editor geöffnet sein. Der V-Modell Editor erzeugt beim Öffnen einer XML-Datei eine sogenannte *lock*-Datei, mit der paralleles Bearbeiten vermieden werden soll. Das Vorhandensein dieser Datei verhindert die Zusammenführung.

**Ablauf.** Während der Zusammenführung passiert mehr als nur die Integration mehrerer XML-Dateien in eine einzelne. Alle Dateien im Referenzmodellordner werden bei dieser Operation in den Zielordner kopiert. Anschließend kopiert der Editor alle Dateien aus dem Erweiterungsmodellordner darüber. Der Prozessingenieur hat somit weitgehenden Einfluss auf viele Aspekte der Modellquellen. Es können z. B. Bilder des Referenzmodells durch eigene Bilder überschrieben oder Veränderungen an Export-Vorlagen vorgenommen werden, indem sie im Erweiterungsmodellordner unter demselben Namen abgelegt werden.

Bei der Zusammenführung werden die folgenden Schritte in genau dieser Reihenfolge durchgeführt:

**Schritt 1:** Technische Zusammenführung der Modellordner – alle Dateien aller Varianten werden in einen gemeinsamen Ordner kopiert. Dabei wird das „unterste" Referenzmodell zuerst genommen und alle weiteren Erweiterungsmodelle dann darüber kopiert. Falls es Dateien mit identischem Namen gibt, werden diese mit denen des Erweiterungsmodells überschrieben. Einzige Ausnahme sind die XML-

Dateien, in denen die Modelle gespeichert sind. Diese werden zwischengespeichert, es findet keine reine Überschreibung statt (siehe nächste Schritte).

**Schritt 2:** Technische Zusammenführung der beteiligten XML-Dateien – alle Modelle werden in ein XML-Dokument integriert, das alle Prozessinhalte der zusammenzuführenden Varianten enthält. Die XML-Elemente aus dem Referenzmodell werden zuerst übernommen und in der Folge danach die Elemente aus dem Erweiterungsmodell. Das integrierte Modell enthält z. B. im Knoten *Vorgehensbausteine* zuerst die Vorgehensbausteine aus dem Referenzmodell und anschließend jene, die im Erweiterungsmodell ergänzt wurden.

**Schritt 3:** Ausführung von Änderungsoperationen – alle Änderungsoperationen, die nach der Zusammenführung in der Modelldatei im integrierten Modell liegen, werden in der Reihenfolge ausgeführt, in der sie im integrierten XML-Modell liegen.

**Schritt 4:** Ausführung des Vortailorings – alle Angaben zum Vortailoring (siehe Kapitel 3.2.3) werden durchgeführt. Nach Ausführung des Vortailorings werden alle Elemente aus dem integrierten Modell entfernt, die nicht (mehr) direkt oder indirekt durch Projekttypen, Projekttypvarianten und Projektmerkmale referenziert werden.

### 4.5.3. Releasebau

Bei der Erarbeitung eines organisationsspezifischen Vorgehensmodells werden immer wieder Punkte erreicht, zu denen eine auslieferungsfähige Version des Entwicklungsgegenstands benötigt wird (vgl. Kapitel 2). Diese Versionen können für die Selbstprüfung, die eigenständige Qualitätssicherung oder auch für die Auslieferung selbst benötigt werden. Der Prozess der Zusammenstellung und Paketierung eines umfassenden (organisationsspezifischen) V-Modells wird als *Releasebau* bezeichnet.

**Arbeitsschritte für den Releasebau.** Da der Standard in seiner Auslieferungsform aus mehreren Teilen besteht, die zunächst aus den Quelldateien heraus mit Werkzeugen erstellt werden müssen, benötigt es eine Reihe von Arbeitsschritten, bevor man das fertige Gesamtpaket begutachten kann. Die Arbeitsschritte sind:

**Schritt 1 (optional) :** Modellzusammenführung.

**Schritt 2:** Erzeugung der PDF- und HTML-Dokumentation (Prozessdokumentation).

**Schritt 3:** Erzeugung von Produktvorlagen.

**Schritt 4:** Kompilierung von Projektassistent und Editor.

Die Durchführung dieser Schritte wird werkzeugunterstützt vorgenommen. Dies kann manuell durch Nutzung der grafischen Oberflächen der Entwicklungswerkzeuge geschehen, oder durch eine Stapelverarbeitung. Die V-Modell-Werkzeuge bieten dafür eine Kommandozeilenschnittstelle an.

### 4.5.4. Konfiguration der Werkzeuge

Die Bearbeitung der V-Modell-Quellen wird durch eine Reihe von Werkzeugen unterstützt. Der V-Modell Editor zur organisationsspezifischen Anpassung und der Projektassistent für die projektspezifische Anpassung sind in Kapitel 1.4 bereits vorgestellt worden.

**Hinweis:** Die Zusammenführungsfunktionalität des V-Modell Editors kann nicht durch alternative XML-Editoren ersetzt werden. Der Editor ist die einzige z. Zt. existierende Implementierung, mit der sich Erweiterungs- und Referenzmodell zu einer für den Projektassistenten und den Export lesbaren Form integrieren lassen.

Wie im letzten Abschnitt beschrieben, sind die Referenzwerkzeuge mit einer Batch-Schnittstelle ausgestattet, mit der sich der Releasebau automatisieren lässt.

**V-Modell Export.** Um den Export batchgesteuert ausführen zu können, benötigt man eine Installation des V-Modell Editors. Darüber hinaus wird eine XML-Datei benötigt, welche die Parametrisierung des Exports vornimmt.

```
<export>
  <options>
    <option name="OpenOfficePath" value="C:/
        Programme/OpenOfficePortable/App/openoffice/
        program/soffice.exe"/>
  </options>

  <imagemap>
    <elem format="LOWRES" src="webimages"/>
    <elem format="HIRES" src="images"/>
  </imagemap>

  <templates src="D:/Modell/config/export-templates"
      />
  <model src="D:/Modell/V-Modell-XT.xml"/>
  <view name="Komplettexport"/>
  <format name="pdf" /> <!-- alternativ: odt oder
      html -->
  <language value="de"/>
  <output src="C:/Komplettdokumentation.pdf"/>
</export>
```
**Listing 4.10:** Datei zum Erzeugen der Prozessdokumentation

Listing 4.10 zeigt eine XML-Datei für die Konfiguration des Exports. Dabei wurde angenommen, dass das Mo-

## 4.5. Entwicklungsumgebung

dell im Ordner *D:\Modell* abgelegt wurde. Für die Durchführung des Exports wird OpenOffice.org (Referenz auf *soffice.exe*) eingesetzt. Das aktuell konfigurierte Exportformat ist PDF und das erzeugte Dokument wird unter dem Namen *Komplettdokumentation.pdf* gespeichert. Für die Erzeugung der Dokumentation werden das XML-Modell (Referenz auf *V-Modell-XT.xml*) und die Exportvorlagen aus *config\export-templates* verwendet. Die ausgewählte View ist *Komplettexport*. Der Name der View muss exakt mit dem Eintrag in der *viewconfig.xml* aus dem referenzierten Ordner der Exportvorlage übereinstimmen (siehe Abschnitt 4.2.3).

Soll eine HTML-Version der Dokumentation erzeugt werden, wird der Eintrag für das Element *output* herangezogen, um die Startseite der Dokumentation zu benennen, z. B. *index.html*. Allerdings sollte beachtet werden, dass der Export weitere HTML-Dateien und Ordner in dem Verzeichnis ablegt, in das diese Datei gespeichert wird. Der Aufruf des Exports geschieht mit folgendem Befehl auf der Kommandozeile oder in einem Batchskript:

```
cd <Pfad zu>\Editor\lib
java -Xmx1024m -Djava.endorsed.dirs=jaxp -cp
    fourever-3.3.7.jar com.foursoft.fourever.
    vmexport.impl.VMExportManagerImpl <Pfad zu>\
    exportconfig.xml
```

Die oben gezeigte Version von *fourever-3.3.7.jar* muss an die Version des installierten Editors angepasst werden. Diese Exportschnittstelle funktioniert seit Version 3.3.3 des Editors.

**Erzeugung von Produktvorlagen.** Genau wie der Export für die Prozessdokumentation benötigt der Produktvorlagenexport eine Konfigurationsdatei zur Parametrisierung des Exports. Eine Beispieldatei zur Erzeugung aller Produktvorlagen für den Projekttyp *Systementwicklungsprojekt (AG)* ist in Listing 4.11 gezeigt. Produktvorlagen können stets nur jeweils für eine ausgewählte Projekttypvariante erzeugt werden. Die Funktion ist analog zur manuellen Auswahl im Projektassistenten.

```xml
<?xml version="1.0" encoding="ISO-8859-1"?>
<produktvorlagensets>
  <produktvorlagenset projekttyp="
      Systementwicklungsprojekt (AG)"
      projekttypvariante="AG-Projekt mit mehreren 
      Auftragnehmern" themenbeschreibungen="alle"
      produkte="alle" alias="AG">
    <anwendungsprofiloption merkmal="
        Systemsicherheit (AG)" wert="Ja"/>
    <anwendungsprofiloption merkmal="Kaufmännisches 
        Projektmanagement" wert="Ja"/>
    <anwendungsprofiloption merkmal="Messung und 
        Analyse" wert="Ja"/>
    <anwendungsprofiloption merkmal="Fertigprodukte"
        wert="Ja"/>
  </produktvorlagenset>
</produktvorlagensets>
```
**Listing 4.11:** Datei zum Erzeugen von Produktvorlagen

Für jede Projekttypvariante, für die Produktvorlagen erzeugt werden sollen, muss ein XML-Knoten *produktvorlagenset* angelegt und konfiguriert (Tabelle 4.5) werden. Die Zahl der Produktvorlagensets in einer Konfigurationsdatei ist nicht beschränkt.

Im Beispiel aus Listing 4.11 wird durch den Alias ein Ordner *AG* angelegt und darin alle Vorlagen der Projekttypvariante *AG-Projekt mit mehreren Auftragnehmern* nach Disziplinen sortiert abgelegt. Die Projektmerkmale werden ebenfalls konfiguriert, da der Export sonst den *Standardwert* eines Projektmerkmals als Kriterium verwendet, wenn keine separate Konfiguration erfolgt. Für die Pro-

| Eigenschaft | Beschreibung |
| --- | --- |
| projekttyp | Projekttyp, für den Vorlagen erzeugt werden sollen. |
| projekttypvariante | Projekttypvariante, für die Vorlagen erzeugt werden sollen. Die Projekttypvariante muss zum Projekttyp passen. |
| themenbeschreibungen | Beim Wert *alle* werden für alle generierten Produktvorlagen zu jedem Thema die Beschreibungen exportiert. Für jeden anderen Wert werden keine Themenbeschreibungen generiert. |
| produkte | Beim Wert *alle* werden alle Produkte des Tailoringprofils exportiert. Bei jedem anderen Wert werden nur die initialen Produkte exportiert. |
| alias | Verzeichnisname, in dem die exportierten Produktvorlagen abgelegt werden. |
| anwendungsprofiloption | Referenz auf ein Projektmerkmal, um das Tailoringprofil zu konfigurieren. |
| merkmal | Name des konfigurierten Projektmerkmals. |
| wert | Wert des Projektmerkmals für das Tailoring. |

**Tabelle 4.5.:** Eigenschaften der Konfiguration für den Export der Produktvorlagen

jektmerkmale aus Listing 4.11 ist dies der Standardwert *Nein*. Daher werden die Projektmerkmale mit dem Wert *Ja* belegt, um die dadurch referenzierten Vorgehensbausteine und damit die Menge der Produkte für die Generierung zu berücksichtigen. Der Produktvorlagenexport wird durch den folgenden Kommandozeilenaufruf ausgeführt, wobei ggf. die Versionsnummer des Projektassistenten anzupassen ist:

```
cd <Pfad zu>\Projektassistent}
java -Xmx1024m -Djava.endorsed.dirs=lib\jaxp -cp lib
    \projektassistent-1.3.5.jar com.foursoft.
    projektassistent.TemplateExportLauncher <Pfad zu
    >\Modellverzeichnis <Pfad zu>\ptconfig.xml <Pfad
    zu>\Outputverzeichnis <Pfad zu>\soffice.exe
```

Diese Exportschnittstelle gibt es seit Version 1.3.1 des Projektassistenten.

**Zusammenführung.** Die Integration von Erweiterungs- und dem zugehörigen Referenzmodell zu einem organisationsspezifischen V-Modell lässt sich auch in einem Batch-Vorgang ausführen. Hierzu dient das Skript *merge-de.bat*, welches sich im Installationsverzeichnis des Editors befindet. Dem Skript können beim Aufruf entweder drei Parameter übergeben werden oder gar keine. Werden keine Parameter übergeben, wird eine GUI-Variante (vgl. Abb. 3.15) gestartet, bei der die Konfigurationseinstellungen manuell vorzunehmen sind.

Für die Batchausführung werden die folgenden drei Parameter benötigt:

**Parameter 1:** Variantenkonfiguration (XML-Datei).

**Parameter 2:** Bezeichnung der Variante, die zusammengeführt werden soll.

**Parameter 3:** Verzeichnis, in welches das zusammengeführte Modell gespeichert werden soll.

Seit Version 3.3.4 des V-Modell-Editors sind die Parameter des Skripts innerhalb des Skripts dokumentiert.

**Hinweis:** Die Zusammenführung von Modellen durch Batch-Skripte funktioniert nur dann, wenn keine der beteiligten XML-Dateien im Editor geöffnet sind, da sie mit einer Sperre versehen werden.

## 4.6. Hinweise zum V-Modell XT Editor

Dieser Abschnitt listet eine Reihe von allgemeinen Hinweisen auf, die bei der Bearbeitung von V-Modell-XML-Dateien hilfreich sind.

**Aufzählungen und Nummerierungen.** Vorsicht ist bei der Bearbeitung von HTML-Feldern mit Aufzählungen oder Nummerierungen geboten. Das Verhalten des Editors ist nicht vergleichbar mit dem Verhalten von Textverarbeitungssystemen wie OpenOffice.org oder Microsoft Office. Werden Aufzählungen oder Nummerierungen erstellt oder bearbeitet, sollte die aktuelle Datei regelmäßig gespeichert werden.

**Copy & Paste.** Dasselbe gilt, wenn Texte aus anderen Programmen kopiert werden, um sie mittels *„Einfügen"* in die HTML-Felder einzusetzen. Es kann dabei passieren, dass Sonder- und Steuerzeichen mitkopiert und in die XML-Datei eingetragen werden. Nach dem Speichern und Schließen der XML-Datei kann es dann passieren, dass der Editor beim Öffnen die betreffende Datei nicht mehr interpretieren kann und somit Fehler auftreten.

**Hinweis:** Der sicherste, wenn auch nicht komfortabelste Weg ist das Einfügen mithilfe eines einfachen Texteditors. Texte aus Microsoft Word sollten dabei zuerst in einem Texteditor eingefügt, dort ggf. nachbearbeitet und dann von diesem aus kopiert und im Editor eingefügt werden.

**Undo.** Der Editor verfügt zwar über eine *Rückgängig*-Funktion, jedoch erzielt man damit nicht immer das gewünschte Ergebnis. Je nach Bearbeitungskontext, in dem sich der Benutzer gerade befindet, kann es sein, dass nur die letzte Aktion rückgängig gemacht wird (z. B. das Löschen eines Knotens aus dem XML-Baum). Im Fall des Bearbeitens eines HTML-Textes stellt das Rückgängigmachen den Ursprungszustand des ganzen Knotens *vor* der Bearbeitung wieder her. Die Funktion ist also nicht vergleichbar mit der Änderungshistorie, die in modernen Textverarbeitungsprogrammen zur Verfügung steht. Wichtig ist weiterhin, dass Änderungen nicht mehr rückgängig gemacht werden können, nachdem das Modell gespeichert wurde.

**Tabellen.** Die Bearbeitung von Tabellen ist mit dem V-Modell-Editor nicht möglich. Dennoch können Tabellen von den weitergehenden Werkzeugen wie dem Export verarbeitet und interpretiert werden. Sollen Tabellen in ein angepasstes V-Modell eintragen werden, ist dies möglich, indem der HTML-Code der Tabelle direkt im HTML-Text des betreffenden XML-Knotens eingetragen wird. Dazu empfiehlt sich ein einfacher Texteditor, denn mit dem V-Modell Editor kann der Tabellencode nicht eingefügt werden. Allerdings ist der Editor danach sogar in der Lage, die Tabelle anzuzeigen und es stehen auch beschränkte Bearbeitungsfunktionen zur Verfügung. Es lassen sich aber nur textliche Änderungen vornehmen, keine strukturellen.

Dasselbe gilt auch für HTML-Kommentare. Sie können zwar nicht im Editor angelegt, aber angezeigt, bearbeitet und gelöscht werden.

**HTML-Interpreter im Export.** Wird HTML-Code händisch in die V-Modell-XML-Datei eintragen, ist dabei zu beachten, dass nur „saubere" HTML-Syntax verwendet werden darf. Das bedeutet insbesondere, dass jeder Tag, der geöffnet wird, auch im richtigen Kontext wieder geschlossen werden muss. Insbesondere verzeiht der Export für die Prozessbeschreibung nicht die von Webbrowsern weithin akzeptierte Unart, Zeilenumbrüche mit dem simplen Tag *<br>* vorzunehmen. Es fehlt hierbei der schließende Tag. Richtige HTML-Syntax wäre *<br></br>* oder *<br/>*. Dass der Export hier präziser arbeitet liegt daran, dass er im Grunde ein erweiterter XSL-Prozessor ist, der nur sauber formulierten XML-Code verarbeiten kann. Da HTML eine Spezialisierung von XML ist, kann er auch „richtig formuliertes" HTML verarbeiten.

**Verweisprüfung.** Der Editor hat eine Funktion zur Prüfung von internen Verweisen. Diese werden im HTML-Code eines XML-Knotens als blaue Links dargestellt. Die Texte der Links können im Nachhinein bearbeitet werden. Jedoch aktiviert der Editor beim Speichern die Verweisprüfung und verwirft jede Änderung, wenn sie nicht folgenden Anforderungen genügt:

1. Die ersten $n$ Zeichen des Verweistextes stimmen mit dem Namen des referenzierten XML-Knotens überein, dessen Länge $n$ beträgt.
2. Es dürfen beliebige Buchstaben oder Leerzeichen nach den ersten $n$ Zeichen angehängt werden.

**Beispiel:** Wenn der Name des referenzierten Elements *Projekthandbuch* lautet, so wären die Verweise *Projekthandbuchs* und *ProjekthandbuchABC XYZ* zulässig. Der Verweis *Projekthandbücher* wäre unzulässig, weil der Name des XML-Knotens nicht vollständig im Verweis unterzubringen ist.

# A. Das V-Modell XT Metamodell

Die Grundlage für die Anpassung des V-Modells ist das Metamodell. Dieses legt die Strukturen fest, die das Aussehen möglicher Modelle bestimmen. In diesem Anhang wird die grundlegende Struktur kurz vorgestellt.

## A.1. Struktur

Das Metamodell des V-Modells ist auf Basis der UML entworfen worden.

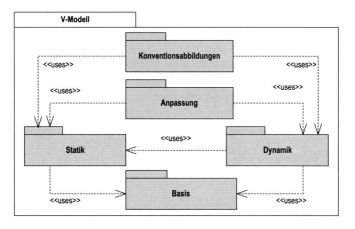

**Abb. A.1.:** Paketstruktur des V-Modell XT Metamodells

Um seine Komplexität besser beherrschen zu können, ist

es in fünf Paketen organisiert. Die Pakte werden nur überblicksartig beschrieben (eine detaillierte Beschreibung ist in [6] zu finden).

**Basis:** Dieses Paket beschreibt den Aufbau der Prozessdokumentation und enthält Elemente, die außerhalb von fachlich begründeten Vorgehensbausteinen gekapselt werden, z. B. Methoden- oder Werkzeugreferenzen.

**Statik:** Dieses Paket beschreibt die Struktur von *Rollen*, *Entscheidungspunkten* sowie *Vorgehensbausteinen* und die darin enthaltenen Elementtypen. Damit enthält es die wesentlichen Grundelemente des V-Modells.

**Dynamik:** Dieses Paket beschreibt die Struktur und Regeln aller Elemente zur Konstruktion von Abläufen und Projektdurchführungsstrategien.

**Anpassung:** Dieses Paket enthält alle Elemente, die erforderlich sind, um ein V-Modell sowohl organisations- als auch projektspezifisch anzupassen. Insbesondere sind hier enthalten: *Projekttypen*, *Projekttypvarianten*, *Projektmerkmale*, aber auch *Änderungsoperationen*.

**Konventionsabbildungen:** Dieses Paket enthält eine Abbildung der Begriffe aus anderen *Konventionen* auf die Konzepte des V-Modells. Das Paket referenziert daher potenziell die übrigen statischen und dynamischen Beschreibungselemente des Metamodells.

Die Struktur der Pakete in Abb. A.1 ist so gestaltet, dass alle „höher" liegenden Pakete nur auf die „tiefer" oder auf der gleichen Ebene liegenden Pakte zugreifen.

**Hinweis:** Die Paketstruktur ist ein logisches Konstrukt, das das Verständnis des Metamodells unterstützen soll. In der XML-Ausprägung (Abschnitt A.5) finden sich diese Paketstrukturen nicht wieder.

## A.1. Struktur

Trotzdem ist die Paketstruktur nützlich: Sie teilt das Metamodell in Teile, die beschreibende Inhalte, planungsrelevante Inhalte und Operationen zur Strukturveränderung enthalten. Diese können nicht isoliert betrachtet werden, sondern leben von ihrer Fähigkeit zur Verknüpfung unterschiedlicher Modellelemente, z. B. die Bindung eines Vorgehensbausteins durch einen Projekttyp. Im Rahmen der Anpassung eines V-Modells ist es hilfreich, in den folgenden Teilmodellen zu denken:

- Produktmodell
- Rollenmodell
- Aktivitätsmodell
- Ablaufmodell
- Systemmodell und
- Tailoringmodell

Diese Teilmodelle sind *Sichten*, die sich zum Teil mit der Paketstruktur decken, z. B. das *Produktmodell*, oder quer liegen wie z. B. das *Tailoringmodell*

**Produktmodell.** Das V-Modell ist ein *produktorientiertes* Vorgehensmodell, weshalb das Produktmodell einen zentralen Faktor darstellt. Im Produktmodell (Abb. A.2) sind die zentralen Typen zusammengefasst, mit denen ein Prozessingenieur Produkttypen[15] modellieren kann. Produkte werden von Aktivitäten erstellt und durch Themen und Unterthemen strukturiert. Für die Zuordnung von Aktivitäten zu Produkten gilt weiterhin, dass ein Produkt von maximal einer Aktivität erstellt werden kann. Nur externe Produkte verfügen über keine Aktivität. Produkte

---

15 Anstelle des Begriffs Produkt ist auch der Begriff *Artefakt* verbreitet. Ein Produkt im Kontext des V-Modells meint präzise einen Produkttyp, also eine Vorlage für die Instanziierung in einem Projekt.

# 182  A. Das V-Modell XT Metamodell

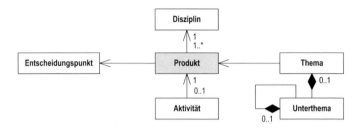

**Abb. A.2.:** Sicht: Produktmodell

sind genau einer Disziplin zugeordnet. Um im Planungsprozess berücksichtigt zu werden, können Produkte verschiedenen Entscheidungspunkten zugewiesen werden.

**Rollenmodell.** Das im Metamodell vorgesehene Rollenmodell ist sehr einfach und flach gehalten. Rollen werden somit unabhängig von Organisationsstrukturen entworfen und im Modell hinterlegt. Die Einbindung von Rollen ins V-Modell geschieht über die Festlegung von *Verantwortlichkeiten* und *Mitwirkungen* bei der Erstellung von Produkten.

**Hinweis:** Anders als in früheren Versionen sind Rollen nicht mehr Bestandteil des Vorgehensbausteins. Vorgehensbausteine regeln aber noch die Verknüpfung von Rollen zu Produkten.

**Aktivitätsmodell.** Aktivitäten stellen Produkte fertig. Wie Produkte sind Aktivitäten und deren Bestandteile im Metamodell modelliert (Abb. A.3).

Anders als Produkte sind Aktivitäten nicht in einer Detailtiefe modelliert, die zur Ableitung einer Checkliste genügt. Im Referenzmodell kommen nur die beiden Klassen *Aktivität* und *Arbeitsschritt*, der die alte Teilaktivität ablöst,

## A.1. Struktur

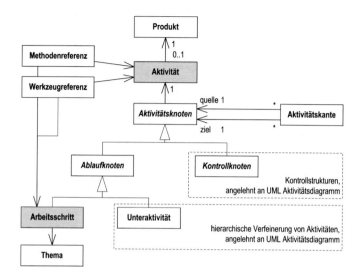

**Abb. A.3.:** Sicht: Aktivitätsmodell

zum Einsatz. Durch die Mittel des Metamodells ist eine solche Modellierung im Rahmen einer Anpassung jedoch möglich. Abbildung A.3 deutet dies durch die beiden Klassen *Unteraktivität* und *Kontrollknoten* an. Erste kann dazu verwendet werden, um Aktivitäten hierarchisch zu strukturieren. Letztere dient als Oberklasse für Kontrollstrukturen, wie sie aus UML-Aktivitätsdiagrammen bekannt sind.

Aktivitäten und Arbeitsschritte können durch Methoden- und Werkzeugreferenzen referenziert werden. So können sie methodische Ausgestaltungen und weitergehende Informationen zur Produkterstellung anbinden. Während Aktivitäten mit Produkten assoziiert sind, werden Arbeitsschritte mit Themen assoziiert.

**Ablaufmodell.** Während Produkt- und Aktivitätsmodell statische Anteile beschreiben, liefert das *Ablaufmodell* die Grundlage für die Modellierung von planbaren Abläufen. In dieser Sicht (Abb. A.4) spielen die Klassen *Ablaufbaustein*, *Ablaufentscheidungspunkt*, *Ablaufbausteinpunkt*, *Split* und *Join* wichtige Rollen.

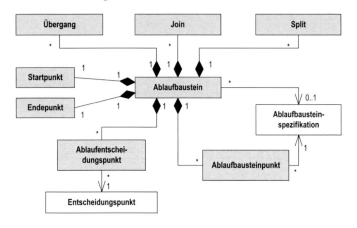

**Abb. A.4.:** Sicht: Ablaufmodell

Ablaufbausteine sind Container für Planungsstrukturen. Sie enthalten eine Menge von Ablaufentscheidungspunkten oder Ablaufbausteinpunkten sowie Splits und Joins. Ein Startpunkt ist der Einsprungpunkt in einen Ablaufbaustein. Ein Endepunkt ist die letzte Station eines Ablaufbausteins.

Ablaufbausteine können entweder direkt *Entscheidungspunkte* einbinden oder wiederum andere Ablaufbausteine. Dadurch sind hierarchische Strukturen modellierbar. Dieses Konzept wird auch verwendet, um *Projektdurchführungsstrategien* zu definieren.

## A.1. Struktur

---

**Neue und alte Projektdurchführungsstrategien**

Die Projektdurchführungsstrategie ist ein Konzept, das besonderer Aufmerksamkeit bedarf. Eine Projektdurchführungsstrategie ist nämlich nur für den Anwender des V-Modells sichtbar, *nicht* jedoch für den Prozessingenieur. Eine Projektdurchführungsstrategie wird im Wesentlichen durch einen ausgezeichneten Ablaufbaustein dargestellt, der wiederum weitere Ablaufbausteine einbindet.

---

Das Definieren von Abläufen ist ein nicht trivialer Vorgang, der in Kapitel 3.1.5 detailliert erläutert wird.

**Tailoringmodell.** Strukturelle und ablauforientierte Modellanteile liegen weitgehend eigenständig vor. Um ein konsistentes V-Modell abzuleiten, muss ein Prozessingenieur sinnvolle Kombinationen dieser Elemente angeben können.

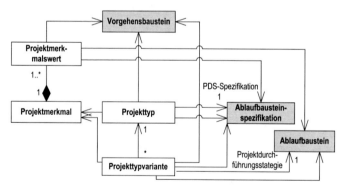

**Abb. A.5.:** Sicht: Tailoringmodell

Das Tailoringmodell bietet die dafür erforderlichen Strukturen (Abb. A.5). Zentrale Klassen sind *Projekttyp*, *Projekt-*

*typvariante*, *Projektmerkmal* und *Projektmerkmalswert*. Jede dieser Klassen ist mit den relevanten Elementen des V-Modells assoziiert. Projekttypen binden z. B. Vorgehensbausteine und Ablaufbausteinspezifikationen ein. Projekttypvarianten können zusätzlich zu diesen Elementen noch Ablaufbausteine einbinden.

Die Projekttypen und Projekttypvarianten geben über ihre Assoziationen verpflichtende Elemente für ein Projekt an. Variationen werden über Projektmerkmale (genauer über ihre Projektmerkmalswerte) eingesteuert. Diese können einen abgestimmten Satz aus Vorgehensbausteinen, Ablaufbausteinen und Ablaufbausteinspezifikationen einbinden. Somit können Projektmerkmale vollständige Teilprozesse modellieren. Die in Abb. A.5 dargestellten Klassen finden sich direkt im Tailoring wieder und bestimmen maßgeblich den Tailoringprozess. Wie ein Tailoringmodell erstellt wird, ist detailliert in Kapitel 3.1.6 beschrieben.

### A.2. Beziehungen

Die einzelnen Elemente des V-Modells sind vielseitig miteinander vernetzt. Die Vernetzung erfolgt jedoch nicht willkürlich, sondern systematisch durch entsprechende *Beziehungstypen*, die im Metamodell definiert sind.

Abbildung A.6 zeigt das den Beziehungen zugrunde liegende Konzept. Das Beispiel zeigt auf der konkretisierten Ebene die Struktur, die für die Zuordnung von Produkten zu Entscheidungspunkten verwendet wird.

Beziehungen liegen in Vorgehensbausteinen und regeln die Verknüpfungen der Elemente des Vorgehensbausteins untereinander und zu anderen Elementen des V-Modells.

## A.2. Beziehungen

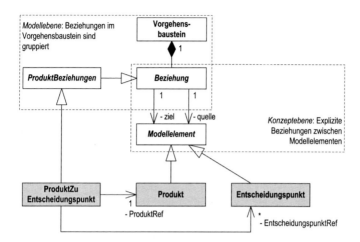

**Abb. A.6.:** Beziehungen im Metamodell

Dieses Konzept ist für das neue Metamodell vollständig neu entwickelt worden und löst eine Vielzahl alter Referenzen ab. Sie entkoppeln die engen Bindungen der V-Modell-Elemente und stellen einen flexiblen Mechanismus zur Verknüpfung her.

Die Philosophie dieses Beziehungskonzepts ist, dass nicht mehr die Elemente selbst festlegen, wie sie in das V-Modell eingebettet werden, sondern die Konfiguration eines Vorgehensbausteins regelt nun, wie die enthaltenen Elemente in das V-Modell eingebettet werden. Dies steigert die Flexibilität des V-Modells insbesondere in Hinblick auf das Tailoring. Elemente des projektspezifischen V-Modells werden über die Beziehungen ausgewählt. Sind keine Beziehungen definiert, z. B. zu Rollen oder Entscheidungspunkten, werden diese nicht in das projektspezifische V-Modell aufgenommen.

**Hinweis:** Wegen der Verflechtung mit dem Tailoring ist die Lokalisierung der Beziehungen im Modell wichtig. Konkrete Beziehungen sind in Vorgehensbausteinen enthalten. Werden Vorgehensbausteine durch das Tailoring nicht eingebunden, werden die entsprechenden Beziehungen nicht hergestellt. Dies ist im Späteren bei der Konzeption und Umsetzung einer Anpassung zu berücksichtigen.

Die Beziehungen im Metamodell sind *getypt*. Sie können nicht beliebig gesetzt werden, sondern werden in die Gruppen *Rollenbeziehungen, Produktbeziehungen, Produktabhängigkeitsbeziehungen* sowie *Aktivitätsbeziehungen* eingeordnet (Kapitel 3.1.4).

**Hinweis:** Die hier beschriebenen Beziehungen sind *nicht* mit den Links innerhalb des V-Modells zu verwechseln. Letztere dienen der Verlinkung interner und externer Elemente, um kontextsensitiv durch die Prozessdokumentation navigieren zu können. Die Beziehungen jedoch dienen in erster Linie dazu, die (statische) Prozessstruktur festzulegen, also z. B. zu bestimmen, welche Produkte zu welchen Entscheidungspunkten fertigzustellen sind etc.

## A.3. Prozessänderungen

Analog zu den Beziehungen sind *Änderungsoperationen* aufgebaut. Während Beziehungen jedoch nur die Strukturen des Prozesses festlegen, enthalten Änderungsoperationen zusätzliche Funktionalität, um auch Änderungen, sowohl struktureller als auch inhaltlicher Natur, durchzuführen.

**Beispiel:** In einer Anpassung wurde ein Produkt *Protokoll* identifiziert, das dem *Besprechungsdokument* des Referenzmodells entspricht. Anstelle ein neues Produkt Protokoll im Erweiterungsmodell einzuführen, kann das Besprechungsdokument mithilfe einer Änderungsoperation einfach umbenannt werden.

## A.3. Prozessänderungen

**Beispiel:** Eine Organisation stellt fest, dass sie keine Projekte durchführt, die dem AG-Projekttyp des V-Modells entsprechen. Mithilfe einer Änderungsoperation kann innerhalb des Erweiterungsmodells festgelegt werden, dass der betreffende Projekttyp aus dem organisationsspezifischen V-Modell entfernt wird. Ein manuelles Löschen ist nicht mehr erforderlich.

Die beiden einführenden Beispiele zeigen diese beiden Aspekte: Inhaltlich kann es erforderlich sein, Namen zu ändern, strukturell kann es erforderlich sein, z. B. ganze Teilprozesse auszublenden. Zwei Mechanismen sind hierzu im Metamodell hinterlegt: einmal die Änderungsoperation und ergänzend das sog. *Vortailoring*.

**Änderungsoperationen.** Sind Änderungen an den Inhalten des Referenzmodells durchzuführen, kommen in erster Linie *Änderungsoperationen* zum Einsatz. Das Konzept

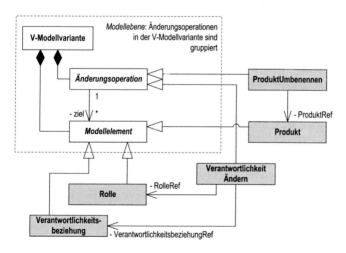

**Abb. A.7.:** Änderungsoperationen im Metamodell

zeigt Abb. A.7. Anders als Beziehungen sind sie nicht in Vorgehensbausteinen abgelegt, da ihr Wirkungsbereich das gesamte V-Modell umfasst. Wird z. B. ein Produkt umbenannt, erfolgt dies im gesamten Modell.

Änderungsoperationen sind einer V-Modell-Variante zugeordnet und legen den Änderungsbedarf am Referenzmodell fest. Sie wirken in verschiedener Weise. Sie können Strukturen, Inhalte und auch Tailoringverhalten beeinflussen. Abbildung A.7 zeigt zwei Beispiele.

**Beispiel:** Das Produkt *Besprechungsdokument* soll in *Protokoll* umbenannt werden. Wird eine entsprechende Änderungsoperation im Erweiterungsmodell instanziiert, findet eine Ersetzung des Namens während der Modellzusammenführung statt. Im organisationsspezifischen V-Modell ist jedes (referenzierte) Aufkommen von *Besprechungsdokument* durch *Protokoll* ersetzt.

**Beispiel:** In einer Organisation könnte der *QS-Verantwortliche* anstelle des *Projektleiters* für die *Risikoliste* verantwortlich sein. Eine Änderungsoperation vom Typ *VerantwortlichkeitÄndern* referenziert die ursprüngliche Beziehung und „lenkt" sie auf den *QS-Verantwortlichen* um. Nach der Modellzusammenführung ist die neue Verantwortlichkeitsbeziehung im organisationsspezifischen V-Modell hergestellt.

Während die Änderungsoperation im ersten Beispiel den Inhalt des V-Modells anpasst, ändert die zweite die Struktur des Prozesses. Ein weitere Operation ist das Hinzufügen eines verpflichtenden Vorgehensbausteins zu einer Projekttypvariante. Sie beeinflusst das Tailoringverhalten und somit auch die Inhalte und die Struktur des jeweiligen projektspezifischen V-Modells.

Das Metamodell definiert bereits eine Reihe von Änderungsoperationen. Sie sind in [6] vollständig dokumentiert. Sie sind so konzipiert, dass sie strukturell *konformitätserhaltend* sind. Änderungsoperationen, die sich auf die Modellinhalte auswirken, sind davon ausgeschlossen, da sich damit auch Texte entfernen oder negieren lassen. Werden solche Operationen verwendet, ist ggf. eine analytische Konformitätsprüfung erforderlich.

**Vortailoring.** Änderungsoperationen dienen eher *chirurgischen* Anpassungsmaßnahmen.

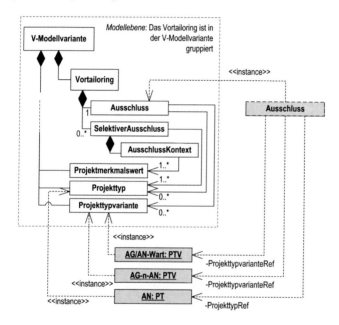

**Abb. A.8.:** Vortailoring im Metamodell

In bestimmten Anwendungsfällen kann eine breitere Anpassung erforderlich sein. Hierzu dient das *Vortailoring*, dessen Anpassungsgegenstand Teilprozesse sowie ganze Projekttypen oder einzelne Projekttypvarianten sind.

Auch das Vortailoring bezieht sich auf das gesamte V-Modell, weshalb es in der V-Modell-Variante lokalisiert ist. Abbildung A.8 zeigt die Elemente des Vortailorings im Metamodell und ein Beispiel.

Im *Ausschluss* werden sowohl Projekttypen und Projekttypvarianten referenziert. Während der Zusammenführung werden die hier referenzierten Elemente aus dem Modell entfernt. Der *selektive Ausschluss* arbeitet auf den Projektmerkmalswerten. Im Ausschlusskontext wird ein Projekttyp referenziert, für den ein oder mehrere Projektmerkmalswerte ausgeschlossen werden. Damit bleiben die betreffenden Modellelemente zwar erhalten, stehen jedoch im Tailoring mit dem Projektassistenten nicht mehr zur Verfügung.

**Hinweis:** Bei der Verwendung von selektiven Ausschlüssen müssen ggf. auch die Standardwertebelegungen der einzelnen Projektmerkmale beachtet werden. Wird z. B. ein als *Standardwert* festgelegter Projektmerkmalswert per selektivem Ausschluss entfernt, kann dies zu unerwarteten Seiteneffekten kommen. Daher sollten auch die Standardwerte der Projektmerkmale geprüft und ggf. mithilfe der entsprechenden Änderungsoperation angepasst werden.

Das Beispiel in Abb. A.8 zeigt einen Ausschluss mehrerer Projekttypvarianten und eines ganzen Projekttyps. Sofern keine neuen Projekttypen oder Varianten in einem Erweiterungsmodell ergänzt wurden, enthält das resultierende organisationsspezifische V-Modell nur noch die Projekttypen *AG, AG/AN* sowie *ORG*. Weiterhin enthalten die Projekttypen AG und AG/AN nur noch die Varianten *„AG-Projekt mit einem Auftragnehmer"* sowie *„Entwicklung, Weiterentwicklung und Migration"*. Der gesamte AN-Projekttyp sowie die anderen beiden Projekttypvarianten sind nicht mehr enthalten.

## A.4. Besondere Attributsfelder

Das Metamodell hat noch technische Besonderheiten, die sich durch spezielle Attribute widerspiegeln.

**Das Attribut *id*.** Die meisten XML-Knoten der V-Modell XML-Datei haben eine eindeutige Kennzeichnung. Sie ist in einem Attribut des Knotens mit dem Namen *id* gespeichert. Ein Beispiel für eine *id* ist *7d9bf684e9bf2c*.

**Hinweis:** In Fällen, bei denen die Bearbeitungsfunktionen des Editors nicht ausreichen, und auch in Verbindung mit anderen Werkzeugen, kann das Wissen um dieses Attribut wertvoll sein.

Die *id* wird für viele Zwecke verwendet. Die wichtigsten sind:

- Referenzierung von XML-Knoten. Mit dem Editor lässt sich z. B. bei einem Knoten vom Typ *Produkt* direkt die *Disziplin* auswählen, zu der das Produkt zählt. Der Editor setzt für die Referenzierung hier bei dem Produkt die *id* der Disziplin ein.
- Referenzierung in HTML-Texten. Wird mit dem V-Modell-Editor in einem HTML-Text ein interner Verweis auf einen anderen XML-Knoten eingefügt, fügt der Editor eine HTML-Referenz ein, deren Ziel die *id* des Knotens ist.
- Die englische Version des V-Modells verweist bei jedem Knoten, der das englische Äquivalent eines deutschen Knotens repräsentiert, über das Attribut *refers_to_id* auf die *id* des deutschen Knotens.

Auch bei der Erzeugung der Prozessdokumentation und von Produktvorlagen werden bestimmte Knoten durch ihre *id* referenziert. Beispielsweise wird vom Projektassistenten in das Thema *Projektspezifisches V-Modell* der Produktvorlage für das Projekthandbuch ein spezieller Text generiert, nämlich das Tailoringprofil. Dieser Text wird nur in genau dieses Thema generiert. Der Export, der für die Produktvorlagen verantwortlich ist, identifiziert das Thema anhand seiner *id*.

**Hinweis:** Die Verwaltung der *id*s wird durch die V-Modellwerkzeuge vorgenommen. Das ist auch der Grund, warum der Editor die *id* eines Knotens nicht anzeigt. In manchen Fällen hilft Ihnen das aber nicht weiter. Wenn Sie zu einem Knoten die *id* benötigen, müssen Sie die XML-Datei mit einem Texteditor öffnen und darin nach dem Knoten suchen.

**Das Attribut *version*.** Bei allen Knoten, die mit einer *id* versehen sind, findet sich auch das Attribut *version*. Für Anpassungen spielt dieses Attribut in erster Linie keine Rolle, da für die Auswertung dieses Attributs eine spezielle Infrastruktur benötigt wird. Allerdings ist zu beachten, dass die Konsistenzüberprüfung des Editors sich beschwert, wenn das Feld leer gelassen wird. Das Attribut wird vom *V-Modell XT Entwicklungsteam* zur Verfolgung verschiedener Versionen eines Knotens genutzt. Damit kann leicht erkannt werden, wenn sich ein Knoten ändert. In diesem Fall muss auch ein Knoten aus der bis dahin konsistenten englischen Sprachvariante des V-Modells geändert werden.

**Hinweis:** Im Editor wird das Attribut *version* i. d. R. mit dem Text *Knotenversion (zur Konsistenzhaltung anderer Sprachvarianten)* maskiert.

## A.5. Das Metamodell als XML-Schema

Das Metamodell des V-Modells ist für die praktische Arbeit in Form einer XML-Schemadatei realisiert. Dieses

## A.5. Das Metamodell als XML-Schema

realisiert alle Entitäten und Relationen den Metamodells durch entsprechende XML-Typen.

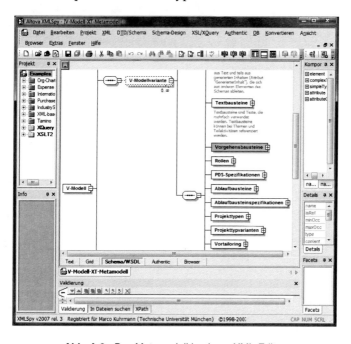

**Abb. A.9.:** Das Metamodell in einem XML-Editor

Zur Bearbeitung bzw. Einsicht in das XML-Schema eignet sich der V-Modell-Editor indes nicht. Hierfür muss auf andere, spezialisierte Werkzeuge wie z. B. XMLSpy (Abb. A.9) oder ähnliche zurückgegriffen werden. Diese bieten gleichzeitig auch Optionen an, das „rohe" V-Modell bei eventuell auftretenden Konflikten, z. B. bei Id-Konflikten, direkt zu bearbeiten. Auch Suchfunktionen und Ähnliches stehen damit zur Verfügung. Ein Blick auf das XML-Schema des Metamodells zeigt auch, dass das Schema einen anderen Aufbau als das logische Metamodell, das hier in weiten Teilen verwendet wird, hat. So finden sich z. B. die Paketstruktur (Abb. A.1) oder die verschiedenen Sichten (Abschnitt A.1) dort nicht wieder. Die Dokumentation des Metamodells unter [6] folgt auch dem XML-Schema.

# B. Exportvorlagenübersicht

Eine der wichtigsten Anpassungsoptionen des V-Modells ist die individuelle Gestaltung der verschiedenen Exporte für die Prozessdokumentation und die Produktvorlagen. Alle für die Anpassung erforderlichen Dateien sind im Ordner *config* des Modellordners abgelegt.

## B.1. Vorlagen Prozessdokumentation

Die Vorlagen für den Export der Prozessdokumentation sind im Unterordner *export-templates* des Ordner *config* zu finden. Diese Vorlagen rufen sich gegenseitig auf. Im Folgenden ist aufgeführt, welche Vorlagen im Standard enthalten sind. Die Aufrufhierarchie wird durch die Einrückung gezeigt.

```
Gesamtdokumentation

    Kapitel-1_Kapitel-1
        Kapitel-1_Deckblatt
        Kapitel-1_Inhalt
            Kapitel-1_Kapitel
                Kapitel-1_Abschnitt
                Kapitel-1_Abbildungsverzeichnis

    Kapitel-2_Kapitel-2
        Kapitel-2_Deckblatt
        Kapitel-2_Inhalt
            Kapitel-2_Kapitel
                Kapitel-2_Abschnitt
                Kapitel-2_Abbildungsverzeichnis
```

# B. Exportvorlagenübersicht

```
Kapitel-3_Kapitel-3
    Kapitel-3_Deckblatt
    Kapitel-3_Inhalt
        Kapitel-3_Kapitel
            Kapitel-3_Abschnitt
            Kapitel-3_Projektmerkmal
                Kapitel-3_Wert
            Kapitel-3_Projekttyp
            Kapitel-3_Projekttypvariante
                    < generiere Überblicksbild für Projekttypvariante >
                    < generiere Ablaufbeschreibung für Projekttypvariante >
            Kapitel-3_Vorgehensbaustein
                    Kapitel-3_basiertAufVB
                    Kapitel-3_kann_basieren_auf_VB_Ref
                    < generiere Überblicksbild für Vorgehensbaustein >
                    Kapitel-3_VBProjekttypen
                    Kapitel-3_VBProjekttypvarianten
                    Kapitel-3_VBProjektmerkmale
            Kapitel-3_Entscheidungspunkt
                    Kapitel-3_basiertAufProdukte
            Kapitel-3_Tailoring-Produktabhaengigkeit
            Kapitel-3_Vorgehensbausteinindex
                    Kapitel-3_Disziplin
                    Kapitel-3_Produkt
                    Kapitel-3_Thema
            Kapitel-3_VorgehensbausteinindexAlphabetisch
            Kapitel-3_Abbildungsverzeichnis

Kapitel-4_Kapitel-4
    Kapitel-4_Deckblatt
    Kapitel-4_Inhalt
        Kapitel-4_Kapitel
            Kapitel-4_Abschnitt
            Kapitel-4_Rolle
                    Kapitel-4_Beschreibung
                    Kapitel-4_AufgabenUndBefugnisse
                    Kapitel-4_Faehigkeitsprofil
                    Kapitel-4_Rollenbesetzung
                    Kapitel-4_VerantwortlichFuer
                    Kapitel-4_MitwirkendAn
            Kapitel-4_Rollenindex
            Kapitel-4_Abbildungsverzeichnis
```

# B.1. Vorlagen Prozessdokumentation

```
Kapitel-5_Kapitel-5
    Kapitel-5_Deckblatt
    Kapitel-5_Inhalt
        Kapitel-5_Kapitel
            Kapitel-5_Abschnitt
                Kapitel-5_Disziplin
                    Kapitel-5_Produkt
                        Kapitel-5_BeispielProduktgestaltung
                        Kapitel-5_WirdErzeugtVon
                        Kapitel-5_Erzeugt
                        Kapitel-5_HaengtInhaltlichAbVon
                        Kapitel-5_Beispielprodukte
                            Kapitel-5_Beispielprodukt
                        Kapitel-5_ThemaRef
                        Kapitel-5_Thema
                            Kapitel-5_BeispielProduktgestaltung
                            Kapitel-5_Unterthema
                                Kapitel-5_BeispielProduktgestaltung
                    Kapitel-5_ErzeugendeAbhaengigkeit
                    Kapitel-5_InhaltlicheAbhaengigkeit
                    Kapitel-5_ProduktindexDisziplin
                        Kapitel-5_ProduktindexProdukt
                            Kapitel-5_ThemaRef
                        Kapitel-5_ProduktindexThema
                    Kapitel-5_ProduktindexProduktAlphabetisch
                    Kapitel-5_Abbildungsverzeichnis

Kapitel-6_Kapitel-6
    Kapitel-6_Deckblatt
    Kapitel-6_Inhalt
        Kapitel-6_Kapitel
            Kapitel-6_Abschnitt
                Kapitel-6_Disziplin
                    Kapitel-6_Aktivitaet
                        Kapitel-6_AktivitaetProduktRef
                        Kapitel-6_MethodenreferenzRef
                        Kapitel-6_WerkzeugreferenzRef
                        Kapitel-6_SinnUndZweck
                        Kapitel-6_Ablaufdarstellung
                        Kapitel-6_Arbeitsschrittknoten
                            Kapitel-6_ThemaRef
                            Kapitel-6_ArbeitsschrittknotenProduktRef
                            Kapitel-6_MethodenreferenzRef
                            Kapitel-6_WerkzeugreferenzRef
                    Kapitel-6_AktivitaetsindexDisziplin
                        Kapitel-6_AktivitaetsindexAktivitaet
                            Kapitel-6_AktivitaetsindexArbeitsschrittknoten
                    Kapitel-6_AktivitaetsindexAktivitaetAlphabetisch
                    Kapitel-6_Abbildungsverzeichnis
```

```
Kapitel-7_Kapitel-7
    Kapitel-7_Deckblatt
    Kapitel-7_Inhalt
        Kapitel-7_Kapitel
            Kapitel-7_Abschnitt
            Kapitel-7_Konventionsabbildung
                Kapitel-7_Bereich
                    Kapitel-7_Begriffsabbildungheader
                    Kapitel-7_Begriffsabbildung
        Kapitel-7_Abbildungsverzeichnis

Kapitel-8_Kapitel-8
    Kapitel-8_Deckblatt
    Kapitel-8_Inhalt
        Kapitel-8_Kapitel
            Kapitel-8_Abschnitt
            Kapitel-8_Methodenreferenz
                Kapitel-8_Quellenverweis
            Kapitel-8_Werkzeugreferenz
            Kapitel-8_Begriff
            Kapitel-8_Abkuerzung
            Kapitel-8_Quelle

Kapitel-9_Kapitel-9
    Kapitel-9_Deckblatt
    Kapitel-9_Inhalt
        Kapitel-9_Kapitel
            Kapitel-9_Abschnitt
```

## B.2. Vorlagen Produktvorlagen

Der Export von Produktvorlagen wird durch denselben Mechanismus gesteuert wie der Export der Prozessdokumentation. Im Unterordner *oo-template-templates* des Ordners *config* befinden sich die hierfür verwendeten Vorlagendateien.

Die Vorlagen rufen sich gegenseitig auf, womit die einzelnen Produktvorlagen zusammengestellt werden. Im Folgenden ist aufgeführt, welche Vorlagen im Standard enthalten sind. Die Aufrufhierarchie wird ausgehend von der Datei *Produktvorlage.odt* durch die Einrückung gezeigt.

```
Produktvorlage
    Mitwirkender
  ErzeugendeAbhaengigkeit
    ErzeugtVonProdukt
  Kapitel
    Beschreibung
    ProjektspezifischesVModell
      Bulletpoint12pt (3x)
      Projektmerkmal
      Projektdurchfuehrungsplan
        Meilenstein
    Mustertext
    Unterkapitel1
      Beschreibung
      Mustertext
      Unterkapitel2
        Beschreibung
        Mustertext
        Unterkapitel3
          Beschreibung
          Mustertext
          Unterkapitel4
            Beschreibung
            Mustertext
            UnterkapitelX
              Beschreibung
              Mustertext
              UnterkapitelX (rekursiv)
  Pruefabhaengigkeit
    Bulletpoint
```

# C. Fragen und Antworten

---

**F:** Warum bricht der Editor die Zusammenführung ab und meldet etwas von einem *lock-File*?

**A:** Das liegt daran, dass eine der XML-Dateien noch in einem Editor geöffnet ist. Schließen Sie die betreffenden Dateien im Editor bzw. den Editor. Der Editor versieht XML-Dateien, die er zur Bearbeitung öffnet, mit einer Sicherheitssperre (leere Datei mit dem Namen der XML-Datei zuzüglich der Endung *.lock*). Dadurch wird die parallele Bearbeitung verhindert. Findet der Editor eine solche Datei beim Öffnen einer XML-Datei bereits vor, weigert er sich, diese zu öffnen. Falls aus irgendeinem Grund die lock-Datei beim Beenden des Editors nicht entfernt worden sein sollte (z. B. durch einen Programmabsturz), muss sie manuell gelöscht werden.

---

**F:** Warum wird der Rechner immer langsamer, wenn ich längere Zeit mit dem V-Modell arbeite und dieses exportiere?

**A:** Dies kann an abgebrochenen Exporten liegen. Je nach Softwarekonfiguration kann es sein, dass vom Editor oder Projektassistenten angestoßene Exporte nicht bis zum Abschluss durchlaufen. Gelegentlich werden dann die entsprechenden OpenOffice.org Prozesse nicht korrekt geschlossen. In diesem Fall muss man in eine Prozessanzeige des Betriebssystems wechseln, z. B. Taskmanager von Windows, und die „Prozessleichen" entfernen.

---

**F:** Ich habe das mitgelieferte OpenOffice.org Portable durch die neueste Version von OpenOffice.org ersetzt. Nun bricht der Export des V-Modells ab – warum?

**A:** Das kann daran liegen, dass sie eine Version des Projektassistenten bzw. des Editors verwenden, die die neue Version nicht unterstützt. Die Werkzeuge aus dem V-Modell XT 1.3 Installer benötigen die Version 2.x! Neuere Versionen, z. B. 3.x von OpenOffice.org benötigen mindestens die Version 1.3.4 des Projektassistenten bzw. 3.3.7 des Editors.

**F:** Warum verschwinden im Erweiterungsmodell eingefügte Rollen bei der Modellzusammenführung?

**A:** Das kann zwei Ursachen haben: Erstens kann es sein, dass die Rolle durch keine Beziehung referenziert wird. Dann wird sie im Rahmen des Vortailorings ausgeschlossen. Sie wäre ohnehin nicht in der Prozessdokumentation erschienen. Zweitens sollten Sie prüfen, ob die Rolle Verantwortlichkeitsbeziehungen zu Produkten hat. Falls das nicht der Fall ist, wird die Rolle aus dem Modell entfernt, es sei denn, sie hat Mitwirkungsbeziehungen, die als erforderlich definiert wurden (siehe Kapitel 3.1.4: *Rollenbeziehungen*).

---

**F:** Warum verschwinden Rollen aus dem Referenzmodell, wenn ich eine Modellzusammenführung mache?

**A:** Wenn Projekttypen und Projekttypvarianten über Vortailoring aus dem Modell herausgenommen werden, können einige Rollen ohne Bezug zum verbleibenden Modell bleiben. Wenn sie im Erweiterungsmodell nicht gebraucht werden, werden sie bei der Modellzusammenführung aus dem Modell entfernt.

---

**F:** Wie kann ich es einrichten, dass der Projektassistent beim Anlegen eines neuen Projekts eine Auswahl von Varianten zur Verfügung stellt?

**A:** Dazu müssen Sie den Projektassistenten ab Version 1.3.2 verwenden und zwei Dinge einrichten. Erstens benötigen Sie eine variantconfig.xml (siehe Kapitel 3.2.5), die Sie samt Schemadatei (.xsd) in ein Verzeichnis legen, das Sie selbst aussuchen können. Zweitens muss der Projektassistent mit einem Parameter gestartet werden, der den Pfad auf eben dieses Verzeichnis enthält. Der Projektassistent sucht dann in diesem Verzeichnis nach der variantconfig.xml. Die hierfür benötigte variantconfig.xml unterscheidet sich in wenigen Details von der Datei, die Sie für die Zusammenführung von Varianten benötigen. Sie benötigen weder die Angabe eines Dateinamens, noch einer Referenzvariante. Die Angabe des Verzeichnisses, in dem die Variante liegt, ist genau wie bei der Variantenzusammenführung wieder relativ zu dem Verzeichnis, in dem die variantconfig.xml zu interpretieren. Der Wert Name ist die Zeichenfolge, die im Projektassistenten angezeigt werden soll.

**F:** Warum erscheint eines meiner Themen in der Prozessdokumentation, aber nicht im Projektassistenten?

**A:** Der Projektassistent zeigt Themen bei der Auswahl der Produktvorlagen nur an, wenn deren Feld *Nummer* mit einem gültigen Wert belegt wurde (siehe *Produkte* und *Themen* in Kapitel 3.1.4).

---

**F:** Wie referenziere ich Bilder im Fließtext?

**A:** Sie können Abbildungen in der Prozessdokumentation eine Bildunterschrift geben. Sehen Sie sich am besten ein Beispiel aus dem Referenzmodell im Editor an. Setzen Sie direkt unter das Bild eine kursive Zeile wie etwa *Abbildung [GL-WLW]: Zielgruppen der einzelnen V-Modell-Teile*. Beim Export wird das *[GL-WLW]* in eine laufende Abbildungsnummer umgewandelt. Sie können auf diese Nummer referenzieren, indem Sie einen unterstrichenen Text einfügen, der folgendes Format besitzt: [Abb:GL-WLW]. *GL-WLW* dient dabei als Identifikator.

# D. Werkzeugverzeichnis

Dieser Anhang gibt einen Überblick über die Werkzeuge, die für die Arbeit mit dem V-Modell benötigt werden. Der Einsatzzweck, eine kurze Bewertung sowie mögliche Bezugsquellen werden ebenfalls angegeben. Aufgeführt sind hier schwerpunktmäßig solche Werkzeuge, mit denen wir bereits Erfahrungen gemacht haben. Daher gibt es zu jedem Werkzeug i. d. R. auch Alternativen, die hier möglicherweise nicht aufgeführt sind.

## Infrastruktur

Das V-Modell benötigt einige Infrastrukturkomponenten, die hauptsächlich für die gemeinsame Bearbeitung im Team erforderlich sind. Hierbei wird *Java* (ab Version 1.5) grundsätzlich benötigt, da dieses als Laufzeitumgebung für die Referenzwerkzeuge benötigt wird. Dasselbe gilt für *OpenOffice.org*, da der V-Modell-Export diese Infrastruktur benötigt.

**Hinweis:** OpenOffice.org ist zwingende Voraussetzung und kann nicht durch Microsoft Office ersetzt werden. Der Export greift auf Skript-basierte ODT-Vorlagen zurück, die Microsoft Office nicht verarbeiten kann.

Der Einsatz eines Versionskontrollsystems wie *Subversion* wird empfohlen, um die Arbeit am V-Modell im Team zu ermöglichen. Nach unseren Erfahrungen ist Subversion hier dem „klassischen" CVS zu bevorzugen. Alternative Versionskontrollsysteme sind jedoch auch möglich.

| Werkzeug | Bezugsquelle |
| --- | --- |
| Java | *http://www.java.com/de/download/* |
| OpenOffice.org | *http://de.openoffice.org/* |
| Subversion | *http://subversion.tigris.org/* |
| CVS | *http://www.cvshome.org/* |

**Metamodellbearbeitung**

Soll auch das Metamodell des V-Modells bearbeitet werden, genügen die Referenzwerkzeuge nicht. Hier sind insbesondere Werkzeuge erforderlich, die XML-Schema bearbeiten können.

*XMLSpy* und *Oxygen* sind spezialisierte XML-Editoren, die auch gute Schemaeditoren beinhalten. Jedoch gibt es auch „klassische" Entwicklungsumgebungen wie *Eclipse* oder *Visual Studio* mit entsprechenden Fähigkeiten.

| Werkzeug | Bezugsquelle |
| --- | --- |
| Altova XMLSpy | *http://www.altova.com/download.html* |
| SyncRO Oxygen | *http://www.oxygenxml.com/download.html* |
| Eclipse | *http://www.eclipse.org/downloads/* |
| Visual Studio | *http://www.microsoft.com/visualstudio/* |

**Modellbearbeitung**

Für die Bearbeitung des V-Modells ist ein Werkzeug erforderlich, das mit den speziellen Strukturen und Eigenschaften umgehen kann. Hierfür setzt der *V-Modell XT Editor* als Referenzwerkzeug den Maßstab.

Alternativ kann auch bereits das *Process Development Environment* (PDE) verwendet werden. Dieses Werkzeug stellt

z. B. grafische Editoren und erweiterte Prüffunktionen für die Modellkonsistenz bereit, benötigt jedoch für Aufgaben wie Modellmerge oder Export einen parallel installierten V-Modell XT Editor.

| Werkzeug | Bezugsquelle |
| --- | --- |
| V-Modell XT Editor | *http://fourever.sourceforge.net/* |
| PDE | *http://v-modell-xt.in.tum.de/MetaModelEditor.aspx* |

**Grafiken etc.**

Das V-Modell enthält auch Bilder, die spezifische Editoren benötigen. Es gibt *beliebig* viele Grafikwerkzeuge, sodass wir hier nur auf *Microsoft Visio* verweisen, da die Bilderquellen des V-Modells in diesem Format vorliegen

Prinzipiell wird ein Grafikprogramm benötigt, das Bilder im GIF-Format in hohen Auflösungen speichern kann. Sollen die Originalquellen des V-Modells bearbeitet werden, beschränkt sich die Anzahl der Werkzeuge jedoch auf solche, die das Visio-Format zumindest lesen können.

| Werkzeug | Bezugsquelle |
| --- | --- |
| Microsoft Visio | *http://www.microsoft.com/visio* |

## Literaturverzeichnis

[1] K. Bergner und J. Friedrich. Modulare Spezifikation von Projektabläufen. Forschungsbericht TUM-I0912, Technische Universität München, 2010.

[2] K. Bergner und J. Friedrich. Using Project Procedure Diagrams for Milestone Planning. In *International Conference on Software Process, ICSP 2010*, volume 6195/2010 of *LNCS*, pages 88–99, 2010.

[3] Bundesministerium des Innern. Das V-Modell XT. Online (Standard zum Download), 2010 (v1.3). URL http://www.v-modell-xt.de.

[4] J. Friedrich, U. Hammerschall, M. Kuhrmann, und M. Sihling. *Das V-Modell XT*. Springer, 2. Auflage, 2009.

[5] M. Kuhrmann und U. Hammerschall. Anpassung des V-Modell XT – Leitfaden zur organisationsspezifischen Anpassung des V-Modell XT. Forschungsbericht TUM-I0831, Technische Universität München, 2008.

[6] T. Ternité und M. Kuhrmann. Das V-Modell XT 1.3 Metamodell. Forschungsbericht TUM-I0905, Technische Universität München, 2009.

# Index

AB, *siehe* Ablaufbaustein
Abhängigkeit, 87
   erstellen, 87
   erzeugend, 36
   inhaltlich, 36
   strukturell, 37
Ablauf, 40
   -entscheidungspunkt, 40, 95
   Übergang, 94
   Abwandlung, 106
   Beschreibung, 95
   erstellen, 89
   Join, 42, 94
   parallel, 41
   Split, 42, 94
   Struktur, 38
Ablaufbaustein, 13, 89
   -punkt, 51, 95
   -spezifikation, 50, 89
   flach, 90
   hierarchisch, 92
   Schnitt, 49
Aktivität, 37
   erstellen, 83
Anpassung, 71

Änderungsoperation, 114
Analyse, 27
   Einführung, 58
   Konzeption, 31
   Optionen, 5, 32, 72
   Pilotierung, 63
   Realisierung, 53
   Schulung, 61
   Wartung/Pflege, 64
   Wissensbasis, 6
Arbeitsschrittknoten
   erstellen, 83

Beziehung, 81, 84
   Aktivitäten, 87
   Produktabhängigkeiten, 87
   Produkte, 86
   Rollen, 86
Bilder, 152
   generiert, 155
   manuell erstellt, 153

Disziplin
   erstellen, 78

Dokumentation, 93, 132
    Gliederung, 138
    View, 135, 143
    Vorlagen, 133

Entscheidungspunkt, 38
    erstellen, 75
Erweiterungsmodell, 4, 107
    erstellen, 109

Gesamtdokumentation, *siehe* Dokumentation

Konformität, 65, 114
    analytisch, 66
    konstruktiv, 65
Kopiervorlagen, 8, 82

Merge, *siehe* Zusammenführung
Metamodell, 10, 179
Modell
    Änderung, 119
    Zusammenführung, *siehe* Zusammenführung
    Bearbeitung, 73
    Neu anlegen, 73
Modul, 12, 48
    AB, *siehe* Ablaufbaustein
    Bildungsregeln, 13
    VB, *siehe* Vorgehensbaustein
Mustertexte, 7, 120
    erstellen, 121

PDS, *siehe* Projektdurchführungsstrategie
    Bilder, 93, 155
    Darstellung, 157
    Designmodus, 158
PM, *siehe* Projektmerkmal
Produkt, 34
    Abhängigkeit, *siehe* Abhängigkeit
    erstellen, 79
    konzipieren, 34
    View, 152
    Vorlagen, 148, 171
Produktvorlagen, 9
Projektdurchführungsstrategie, 94, 96
Projektmerkmal, 16, 45
    Bildung, 46
    erstellen, 99
Projekttyp, 15, 45
    Bildung, 45
    erstellen, 101
    ORG, 23
Projekttypvariante, 15, 45
    Bildung, 46
    erstellen, 103
PT, *siehe* Projekttyp

PTV, *siehe* Projekttypvariante

Referenz
    Richtung, 57
Referenzmodell, 4, 108
Releasebau, 168
Rolle, 33
    erstellen, 74

Tailoring, 14, 44, 98
    Matrix, 47
Textbaustein, 80
Thema, 35, 80
    Nummerierung, 81
    Unterthema, 80

V-Modell
    Quellen, 130
    Variante, 16, 107
    Variante (konfigurieren), 163
VB, *siehe* Vorgehensbaustein
Vorgehensbaustein, 12
    Beziehung, 77
    Bilder, 77, 162
    erstellen, 75
    konfigurieren, 76
    Schnitt, 48
Vortailoring, 112

Werkzeuge, 11, 18, 163
    Editor, 175
    konfigurieren, 169

Zertifizierung, 65
Zusammenführung, 118, 166, 174
Zusatzthema, 7